自分を知る力

「暗示の帽子」の謎を解く

高橋佳子

著者は、講演において「魂」「心」という捉《とら》えがたい次元を可視化《かしか》し、
さらに現実的な問題や試練を解決する具体的なステップを示してゆく。
それは、人類普遍《ふへん》のテーマ——「自分を知ること」への解答にほかならない。

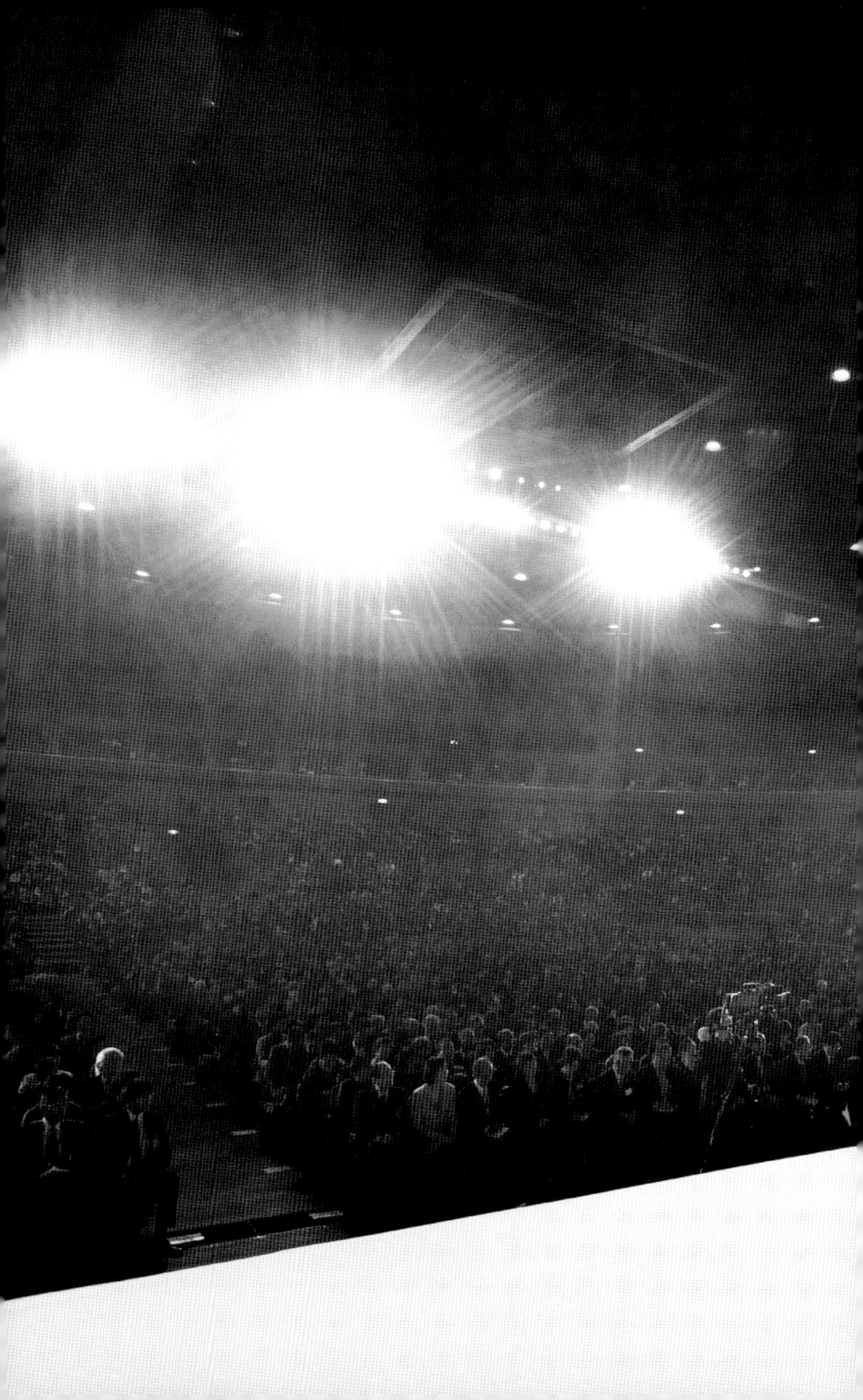

自分を知る力

「暗示の帽子」の謎を解く

高橋佳子

目次

第4章

苦・衰退タイプ——あきらめに縛られた卑下者から ひたむきな求道者へ　97

第7章

快・暴流タイプ——独りよがりの自信家から飽くなき挑戦者へ 225

第8章

(本文写真・口絵写真のキャプション／文責・編集部)

プロローグ――「帽子《ぼうし》の国」を越えて

不思議《ふしぎ》な「帽子の国」

それは、どの地図にも載《の》っていない、ある国のお話――。

人々は皆《みな》、奇妙《きみょう》な格好《かっこう》で毎日を過《す》ごしていた。

若者も老人も、男性も女性も、誰《だれ》もが帽子をかぶっていたのである。

仕事のときも、昼食のときも、電車に乗っている間も、買い物をしている時間も、風《ふ》呂《ろ》に入るときでさえ、帽子をかぶったまま――。

それでも、自分が奇妙《きみょう》だと思う人はいなかった。

人と帽子は1つ。どんな人もいつも帽子をかぶっている。何の不思議もない。

でも、どうして帽子をかぶっているのか、いつから帽子をかぶり始めたのか、誰も知らなかった。

そして、帽子には、ある秘密があった。

それをかぶると、誰もが帽子が暗示《あんじ》する考えや行動に従《したが》ってしまうのである。

「これはこう考えるんだ」

「こういうときは黙《だま》って見ているに越《こ》したことはない」

「そっちよりこっちの方が価値があるぞ」

つまりそれは、「暗示の帽子」――。人々は何の疑問もなく、暗示された生き方を繰《く》り返していたのだ。

ある男性は、街《まち》を歩いていると、周囲の人々が自分を羨望《せんぼう》のまなざしで見ていることに気づく。すれ違う人が皆、自分の方を振り返る。
街は自分の噂《うわさ》でもちきりさ――。知らず知らずのうちに、そんな気

分が彼の心を満たしていた。

昼時、通りのレストランには、長い行列《ぎょうれつ》ができている。

そんなとき、「暗示の帽子」はこう囁《ささや》く。

「お前はヒーローだ。だから何をやったって許《ゆる》される。わざわざ、あの長い行列に並《なら》ぶ必要なんてない」

そう促《うなが》された彼は、当然のように列の先頭に割《わ》り込む。周りから大ブーイング。しかしその声は、彼には届《とど》かない。

やがて男は、街の鼻つまみ者になってゆく。

それでも帽子はこう語りかける。

「みんな恐れ多くて、お前に声をかけられないんだ。お前は普通の人とは違う、ヒーローなんだから」

ある行政官《ぎょうせいかん》は、毎朝、こう思って家を出る。

「今日こそ、あの仕事に決着をつけなければ――」

しかし、役所に向かう道すがら、帽子は彼にこう囁きかける。

「目の前の彼女、これからお前のことを笑うぞ。お前の風体《ふうてい》を面白《おもしろ》がっているんだ」

土地に不慣《ふな》れだったその娘は、道を尋《たず》ねようと、彼に微笑《ほほえ》みかける。

しかし、男は、逃げるようにしてその場から立ち去ってしまう。

「あの群衆《ぐんしゅう》、お前の方を見ているだろう。皆、お前の仕事ぶりの不甲斐《ふがい》なさを噂《うわさ》しているんだ」

「役所の仲間も同じさ。お前のことを馬鹿《ばか》にしている。お前の意見を真剣に聞いてくれる人など1人もいない」

散々《さんざん》そう囁かれた男は、役所に着く頃《ころ》にはすっかり意気消沈《いきしょうちん》し、仕事どころではなくなってしまっていた。

彼は、人間の中にあるすべての意欲を吸《す》い取ってしまう帽子をかぶっていたのだ。

ある男性は、孤児《こじ》として育った。

彼の不憫《ふびん》に心を痛める人がいた。その人は、いつも彼に寄り添《そ》い、いつしか彼の唯一《ゆいいつ》の友人になっていった。

ところが、孤児だった彼は、「世界は悪意に満ちている」という暗示をかける帽子をかぶっていたのである。
「親切には必ず裏がある」
帽子は、彼の耳元でそう囁き続けた。
あるとき、2人の間に、ちょっとした誤解《ごかい》が生まれた。
すかさず帽子は囁く。「だから言っただろう……」
すると彼は、その人に罵声《ばせい》を浴《あ》びせ、縁《えん》を切ってしまったのである。
独《ひと》りになった彼は、その心に取り返しのつかない痛手《いたで》を負《お》った。
それ以来、彼は、毎日のように街に出て喧嘩《けんか》を繰り返すようになった。
相手を傷《きず》つけ、自分も傷つく。
それでも、なぜ、そんなことを繰り返しているのか、彼にはわからない。
街には、不可解《ふかかい》な人たちがあふれている。
傍若無人《ぼうじゃくぶじん》の鼻つまみ者。

仕事をしない行政官。

毎日喧嘩《けんか》に明《あ》け暮《く》れる青年。

そればかりではない。

熱病にかかったようにお金儲《もう》けに邁進《まいしん》する高利貸《こうりが》し。

いつも周りにペコペコしている行商人《ぎょうしょうにん》。

人と話をしない老婆《ろうば》。

周りの意見によってカメレオンのように態度が変わる政治家。

そして、そこで繰り広げられる不可解な事件の数々……。

それを望んでいる人はいないのに、なぜか、知らず知らずのうちに街はそうなってしまう。

誰も、「暗示の帽子」の秘密を知らない。

自分たちが、暗示をかけられていることに気づかない。

そして、誰1人として、その帽子を脱《ぬ》いでみようと考える住人はいないのである。

「帽子《ぼうし》の国」はどこにもある

いかがでしょうか。

不思議な「帽子の国」は、地図には載《の》っていない架空《かくう》の話——。

そうではないでしょう。

私たちの周囲には、様々な考え方に取り憑《つ》かれたように生きている人がいます。

代々医者の家に生まれたある人は、医者以外は意味のない仕事と思い込《こ》んでいます。もし、医者になれなかったら？　その人は、自分に「ダメな人間」という烙印《らくいん》を押して、生涯《しょうがい》、自らを呪《のろ》うことになってしまいます。

また、お金に特別の愛着《あいちゃく》を持っている人もいます。どんなときも、金銭的な利益を優先し、友情や信頼《しんらい》と引き換《か》えにしても、それを選ばずにはいられない。自分から人が離《はな》れていっても、お金さえあれば、やがて戻《もど》ってくると信じているのです。

あるいは、学歴にこだわり続けている人。誇《ほこ》れる学歴があれば、成功間違いなし、世間から認められると信じて疑いません。もし、それが得られなければ、周囲のやっかみや嫉妬《しっと》に妨害《ぼうがい》されているからだと考えてしまうのです。

目上の人や上司に対して、常《つね》に反発する人もいます。上司からの命令を素直に聞くことができない。やがて衝突《しょうとつ》し、職場を辞《や》めることになる。どこに行っても同じことを繰《く》り返し、仕事を転々とすることになります。

さらに、人から頼《たの》まれると「ノー」と言えない人がいます。自分のことだけでも大変なのに、「私でよければ」と微笑《ほほえ》み、つい引き受けてしまう。その結果、しばしば自分の仕事に支障《ししょう》が出てしまうのです。

ここにあげた人たちの思い込み、こだわり、どうにもならないクセ——。

彼らも「暗示《あんじ》の帽子」をかぶっている1人ひとりにほかなりません。

本人は真剣でも、端《はた》から見れば、どうしてそんな考えに凝《こ》り固まってしまうのか、首をかしげるほど不自由を抱《かか》えている。

こんな帽子をかぶっていたら、現実は歪《ゆが》み、暗転しないわけがありません。

幸せや成功を望んでも、そこから遠ざかるばかりです。

それでも、誰《だれ》も気づかずに従《したが》ってしまうのが「暗示の帽子」の怖《こわ》さなのです。

「帽子の国」に本当の人生はない

実はあなたも「暗示の帽子」をかぶっているのではないでしょうか。

誰《だれ》もが日々、様々な出来事と出会い、自分なりに考え、判断し、行動しています。

仕事の成果が出なければ意味がない。

仕事は成果だけではなく、プロセスや気持ちも大切。

今日できることは今日しておかないと心配。

明日はもっとうまくやれるさ。余裕《よゆう》が大事。

強引《ごういん》な人より、穏《おだ》やかな人の方がいい。

多少強引でも、引っ張ってくれる人の方がいい。

約束の時間を守れない人とはやっていけない。

あまり細かいことにはこだわらない方がよい。

……

普段《ふだん》、意識することがなくても、誰もがこうした「考え」を数え切れないほど抱《いだ》いているということです。

では、その判断基準、価値観は、本当に正しいと言えるのでしょうか。

それらは、なぜあなたのものになったのでしょう。

あなたは、それらを自分で吟味《ぎんみ》したのでしょうか。

そうではなく、気がついたら、そう考えるようになっていたのではないでしょうか。

それが「暗示の帽子」をかぶっている証拠《しょうこ》です。

私たちは皆《みな》、「暗示の帽子」の国の住人にほかならないのです。

はっきりさせておかなければならないのは、**「暗示の帽子」をかぶったままでは、人は本当の人生を生きることはできない**ということです。

帽子をかぶった私たちは、あるがままの世界の姿に触《ふ》れることはできません。

出会いや出来事の意味を理解することもできません。

それればかりか、自分が本当に感じていること、本当に願っていることも見出《みいだ》すことができなくなってしまうのです。

「暗示の帽子」が指示する生き方をどれほど繰《く》り返しても、あなたが本当に求める人生と現実を手に入れることは叶《かな》いません。

でも、もし、その帽子を脱《ぬ》ぐことができたらどうでしょう。

それまでとはまったく違う世界が見えてくるはずです。

出会いや出来事の1つ1つを、自分の心で実感し、自分で考え、判断し、行動できるようになります。それは、誰もが内側深くに秘《ひ》めている、オリジナルな「本当の自分」

への大きな一歩にほかなりません。

帽子を脱《ぬ》ぐ――「善我《ぜんが》」の歩み

本書は、自らを知ることによって、「暗示の帽子」を脱ぎ、「本当の自分」を発見することへと読者を誘《いざな》います。

その拠《よ》りどころとなるのは、「魂の学《がく》」という人間観、世界観です。

「魂の学」とは、見える次元、物質の次元を探究《たんきゅう》する「科学」を代表とする「現象の学」に対して、見える次元のみならず、見えない次元、心と魂の次元を合わせて探究しようとするものです。

「魂の学」は、人間は永遠の生命を抱《いだ》く魂の存在であると捉《とら》えます。魂とは、心の深《しん》奥《おう》に広がる「智慧《ちえ》持つ意志のエネルギー」。人は皆《みな》、幾度《いくど》もの人生の経験を通じて大きな智慧と力を魂の内に蓄積《ちくせき》しているのです。

「魂」の存在については、すぐには納得《なっとく》することができないという方もいらっしゃるかもしれません。その方は、これから本書で語られるのは、1つの可能性としての人間観、世界観であり、そこから生まれる生き方であると受けとめていただきたいのです。

人間が魂の存在だとしたら、人生はどう見えてくるのだろう、どんな生き方ができるのだろうか、そう考えてみていただきたいのです。

魂が秘《ひ》める大いなる可能性を全開して生きるのが、本来《オリジナル》の自分――。それを**「真我《しんが》」**と呼びます。真我に近づくほど、私たちは様々な力を発揮《はっき》できるようになります。最初はごくわずかしか現れていない魂の潜在力《せんざいりょく》を引き出し、世界の法則に従《したが》って正しく使うことができれば、仕事でも、人間関係でも、社会への貢献《こうけん》でも、できることが増え、進化します。

試練に強くなり、問題解決の力も、ものごとの具現力《ぐげんりょく》も大きくなって、それまで見えなかった未来をつくり出すことができるようになります。現在からは想像もできないことが可能になるのです。

1992年に公開された『地球交響曲（ガイアシンフォニー）第1番』という映画の中で紹介され、大きな話題となったハイポニカトマトをご存じですか。生命の可能性を追求し続けた故・野澤重雄《のざわしげお》氏が独自の水耕栽培《すいこうさいばい》によってつくったトマトです。

トマトは、通常の育て方をすると1本の苗木《なえぎ》に100個程度の実《み》しかつけません。しかし、ハイポニカトマトは、何と1万数千個もの実をつけたのです。つまり、それだけの生命力がトマトの苗木に秘められていることを野澤さんは証明したということです。

野澤さんは、晩年「魂の学」と出会い、熱心な賛同者になりました。「魂の学」を実践する多くの方々の報告に触《ふ》れて、野澤さんは、自分がトマトという植物の中に見出《みいだ》した無限の生命力が、人間の中にもあることを確信されたのです。

どんな人も、ハイポニカトマトのような可能性をその内に真我の光として秘めていると受けとめ、畏敬《いけい》の念を持って接するのが、「魂の学」の基本的な態度です。

けれども一方、その真我に比《くら》べるなら、どの人生も、本当の可能性が埋《う》もれたままの状態としか言いようがありません。

生まれ育ちの中で、誰《だれ》もが「暗示の帽子」をかぶり、いつの間《ま》にか自分になっていたのが私たち。それは、「最初の自分」(Initial《イニシャル》 Self《セルフ》)であり、真我とはほど遠い偽《いつわ》りの自分——「偽我《ぎが》」です。

偽我の段階にいるとき、私たちは自分の心がどうなっているかもわからず、心を意識することすらできません。

重要なことは、すべての人生は例外なく帽子をかぶった偽我から始まる、ということ

偽我・善我・真我

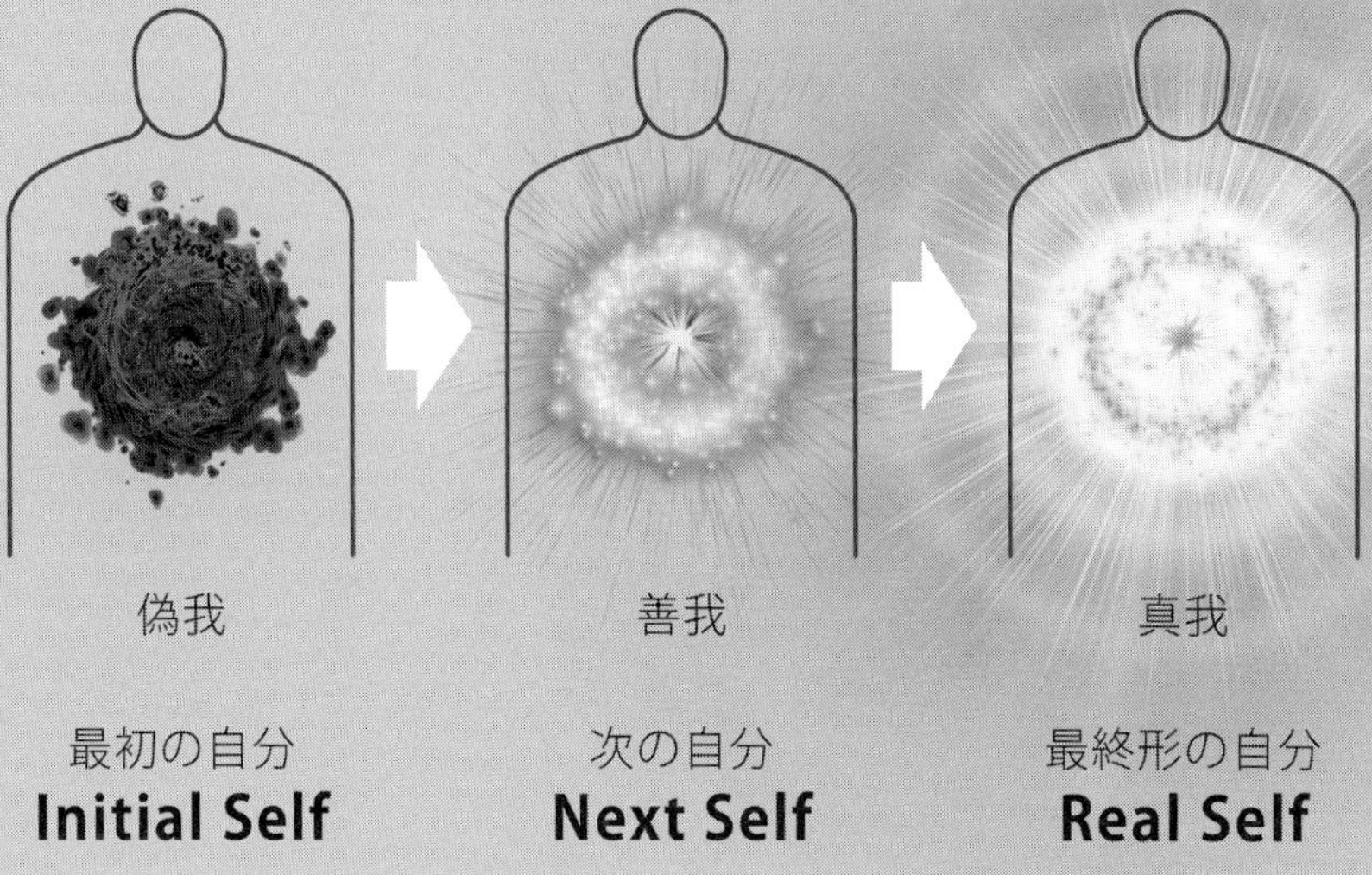

偽我
最初の自分
Initial Self
善我
次の自分
Next Self
真我
最終形の自分
Real Self

図 1

です。たとえ、どれほど豊かな才能に恵《めぐ》まれようと、莫大《ばくだい》な財産や高い地位を約束されていようと、何も持たざる人であろうと、そのことに何の違いもありません。

しかし、そこから出発し、可能性を全開する真我に向かって進むのが人間です。

真我とは、私たちが人生の歩みを通じてめざす「最終形の自分」(Real《リアル》 Self《セルフ》)でもあるのです。

そして、偽我から真我に向かって生きる自分を「善我」と呼びます。

「最初の自分」(偽我)を脱《だっ》して**「次の自分」(Next《ネクスト》 Self《セルフ》)**になることを願ったとき、善我の歩みが始まります。

善我の歩みとは、①偽我(最初の自分)を見つめる歩み、そして②「次の自分」(Next Self)をつくる歩み——。この2つによって、私たちは「暗示の帽子」を脱いで「次の自分」をつくり、「善我」の確立をめざすのです。

そして、善我の歩みを続け、「最終形の自分」(Real Self)である真我に近づいてゆくことこそ、人生の本質であり、核心《かくしん》なのです。

偽我から善我、そして真我へ——(図1)。その歩みを進める力こそ、「自分を知る力」

にほかなりません。

人生最強の力

「自分を知る力」が、私たちにとってどれほど大切なものなのか――。
それは、人生最強の力と言っても過言《かごん》ではありません。

人生とは、願いと目的を見出《みいだ》し、それを手にするためのクエスト（探求）です。

しかし、自分を知ることがなければ、私たちは自分が本当に求めていること、本当に願っていることさえ見出すことはできません。

人生で出会うことになる多くの人々と深く理解し合い、友情を結ぶことを何よりも大切に思っている人も少なくないでしょう。でも、自分を知ることなく、人と本当に理解し合うことは困難であり、ましてや真の友情を結ぶことなど不可能です。

今、世界は、これまでにない激動《げきどう》の時代を迎《むか》えています。

解決困難な問題や課題が山積《さんせき》し、ときにその因果《いんが》関係を紐解《ひもと》くことさえむずかしいほど複雑な要素が乱反射《らんはんしゃ》しています。

それでも、その核心《かくしん》を担《にな》っているのは人間――。数え切れない人間が様々に結びついては多種多様のはたらきに就《つ》き、互いに大きな影響を与え合って、すべてを生み出していることは確かでしょう。

自分を知る力とは、人間を知る力。そして、人間を知る力とは、世界を知る力にほかなりません。自分を知り、人間を知ることによって、私たちは、自分の中に複雑で予測不能な世界を生きる最大の手立てを手にすることになるのです。

本書は、本当に人生を変えようと願っている人々のための本です。

本書によって、1人でも多くの方が、自分を知る力を養い、「暗示の帽子」を脱《ぬ》いで、善我《ぜんが》を育《はぐく》み、さらに真我《しんが》——オリジナルな自分を発見してゆかれることを心から願ってやみません。

2019年10月

高橋佳子

第1章

それは本当にあなたの考えなのか

誰《だれ》もが「自分のことは自分が一番わかっている」と信じて疑わない。

でも、本当に、自分のことをわかっていると言えるのだろうか。

周囲から見れば明らかでも、本人は気づけない。

自分の心が何を生み出しているか、まったくわからない——。

人間の「心」は、ブラックボックスとして存在する謎《なぞ》なのだ。

そうなることは目に見えていた？

「なぜ、あんなことになってしまったのか――」

人生で思い出すこともつらい痛恨事《つうこんじ》を経験した人なら、そんな想いを抱《かか》えてきたのではないでしょうか。

思いもかけない失敗や頓挫《とんざ》、突然の障害、アクシデント。

あまりに理不尽《りふじん》。どうして!?

いくら考えても、その答えは出ないのです。

けれども、本人の感覚とは裏腹《うらはら》に、端《はた》から見ると事態がまるで逆に見えることが少なくありません。つまり、そうなることは目に見えていた――。周囲の人たちの目には事態がどうなるか、その末路《まつろ》がはっきりと映《うつ》っていたということです。

周囲から見れば明らかでも、本人にはわからない。自分の心が何を生み出しているか、まったくわからない――。

そんな現実は決してめずらしいものではありません。

なぜ幸せから遠ざかるのか

幸せになりたいと思っているのに、自ら幸せから遠ざかってしまう。成功したいと思っているのに、明らかに失敗する道を選んでしまう。憑《つ》かれたように拘泥《こうでい》し、こだわる。強迫的《きょうはくてき》にひたすら勝ちを求める……。

周《まわ》りから見ればどんなに不可解《ふかかい》でも、そうした行動を繰《く》り返してきたのが、私たち人間だということです。

誰《だれ》もが「自分のことは自分が一番わかっている」と信じて疑わないのに、自分のことを本当にわかっている人はほとんどいません。

つまり、人間の「心」は、ブラックボックスとして存在する謎《なぞ》なのです。

「ジョハリの窓」をご存じでしょうか（図2）。4つの窓の中で、多くの人が意識しているのは左側の2つ――「自分も他人も知っている自分」「自分は知っているが他人は知らない自分」でしょう。他人が気づいていないのに自分が知っている自分がいることで、誰もが自分のことを自分が一番わかっていると思ってしまうのです。

けれども、私たちには、「他人は知っているが自分は知らない自分」があり、さらに「自分も他人も知らない自分」もいます。

ジョハリの窓

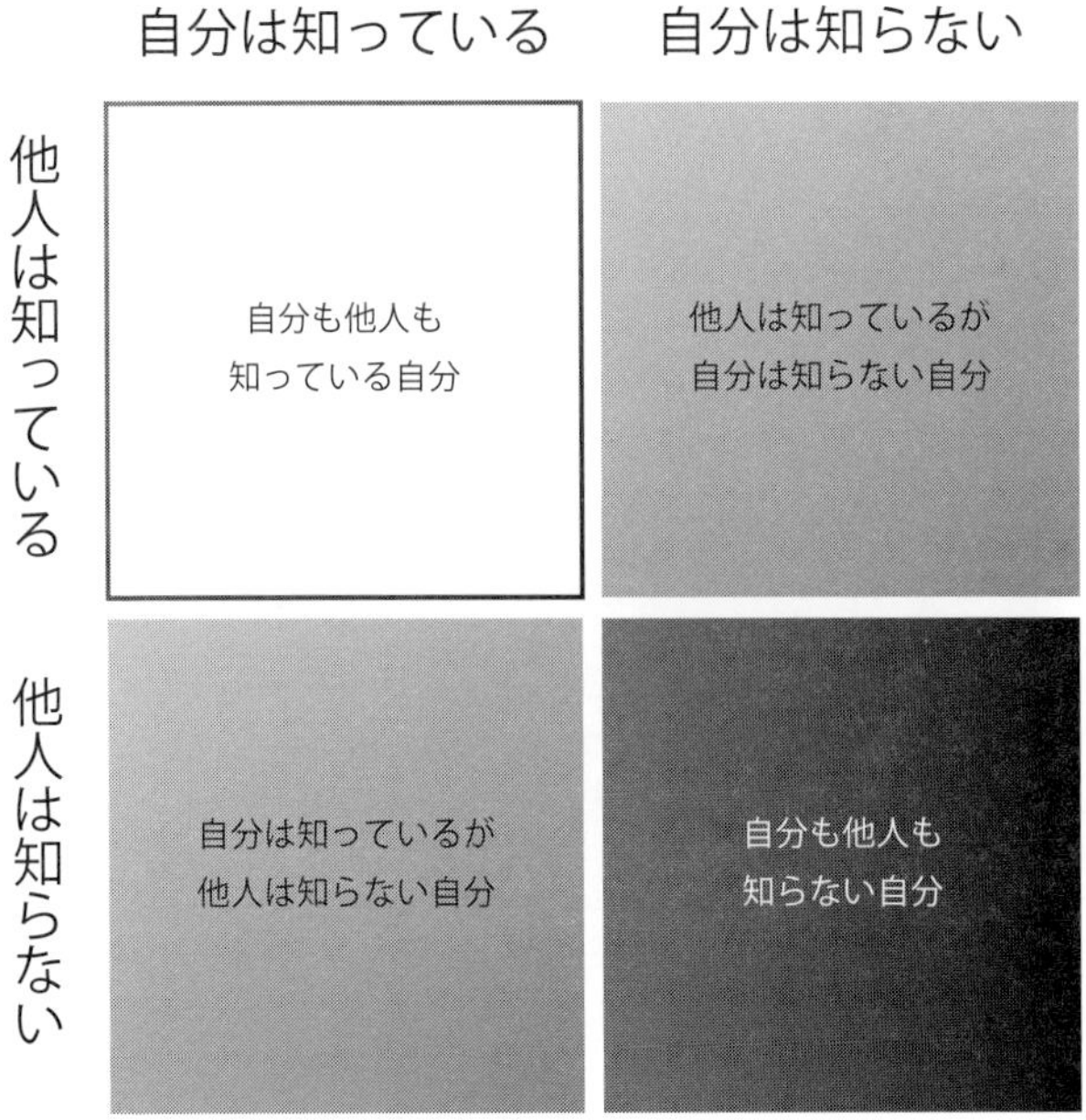
自分は知っている
自分は知らない
他人は知っている
他人は知らない
自分も他人も
知っている自分
他人は知っているが
自分は知らない自分
自分は知っているが
他人は知らない自分
自分も他人も
知らない自分

図2

「自分のことは自分が一番わかっている」というのは、錯覚《さっかく》かもしれないのです。

選択《せんたく》の自由は当たり前？

人間が人間である所以《ゆえん》は、自らの自由意志で人生の選択を重ねることができることだと多くの人が考えるのではないでしょうか。

しかし、自由意志によって選択ができるというのは、自明《じめい》のことではないのです。自分の目で確かめ、自分の意思で選択したつもりでも、実はそうではないことが少なくないからです。

たとえば、１つの品物を買うためにスーパーマーケットに入店したのに、出てきたときには、予定になかった品物をいくつも購入してしまっていたという経験はないでしょうか。

ネットショップをブラウジングする（次々と見て回る）うち、そこでたくさんの人々が高評価を与えていると、思わずボタンを押して買ってしまった。そんな経験はありませんか？

そこには、私たちの「選択」に関する危《あや》うさが隠《かく》れているのです。

実験1

1つの例をあげてみましょう。

毎年夏、私は、八ヶ岳山麓《さんろく》で開催される「かけ橋セミナー」（子どもたちとその保護者を対象としたGLA［「魂の学《がく》」を学び実践《じっせん》する団体］主催のセミナー）で講演を行っています。2泊3日のセミナーでは、大自然の息吹《いぶき》に触《ふ》れながら、心の不思議《ふしぎ》や、光と闇《やみ》を抱《いだ》く人間の可能性について学びます。

2019年は、講演の中で、人間の選択について考えるために、次のようなアンケートを行いました。参加者1500名を3つのグループに分け、それぞれ次の問いに答えていただいたのです。

問い：あなたは友だちとステーキ屋さんに行きました。そのステーキ屋さんには次の3つのステーキがあります。あなたはどれを注文《ちゅうもん》しますか？

ただし、最初のAグループの選択肢《し》は、1000円・1500円・2000円、Bグループの選択肢は、1500円・2000円・2500円、Cグループの選択肢は、2000円・2500円・3000円というように、値段の組み合わせを変えたのです。

結果：その結果が図3です。このグラフを見て、皆《みな》さんはどう思われますか。

「2019かけ橋セミナー」における著者の講演。
参加者1500名を対象に実験とアンケートが行われ、
1人ひとりが自らの選択や価値観を振り返る時を持った。

結果

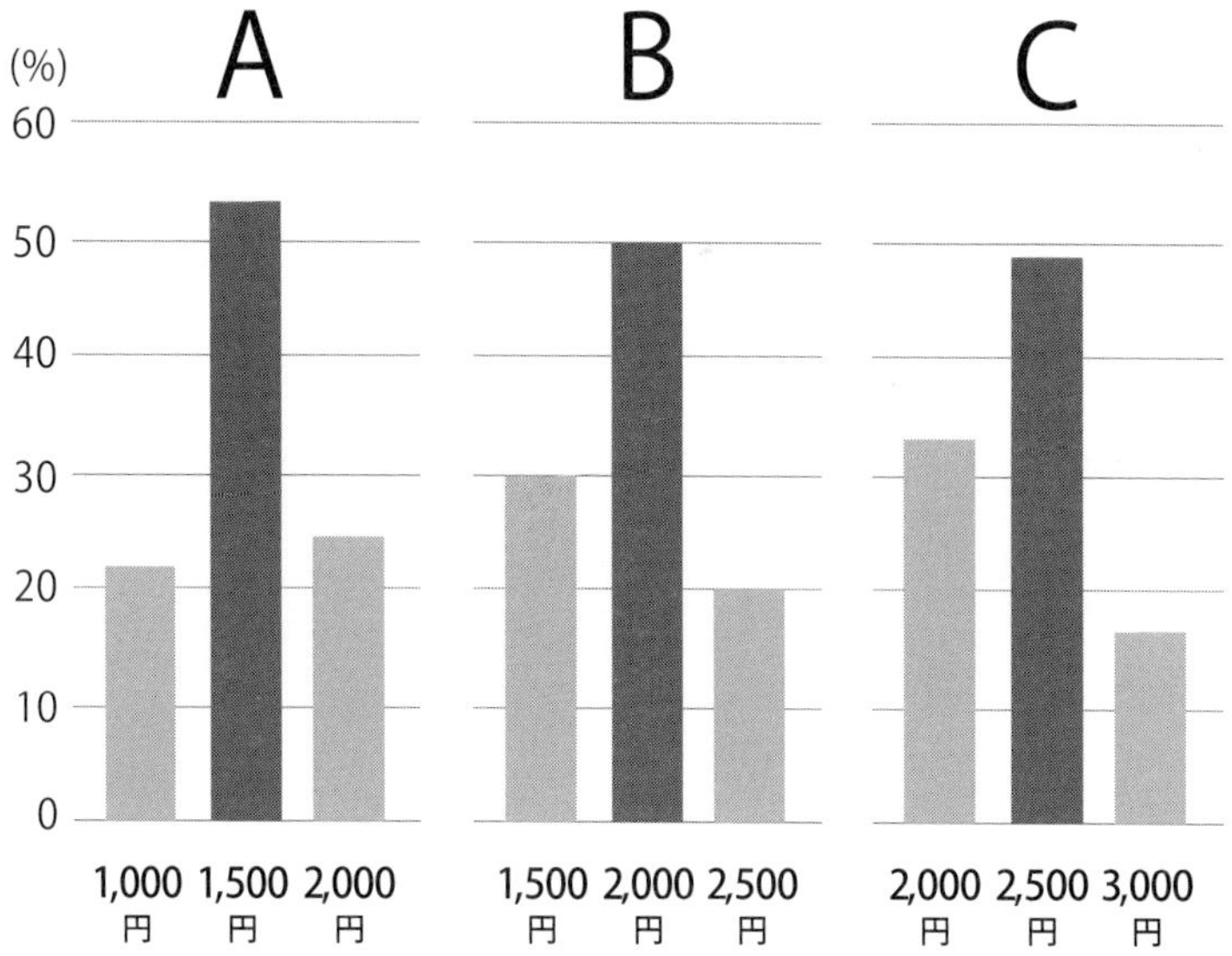
A
B
C
(%)
60
50
40
30
20
10
0
1,000 円
1,500 円
2,000 円
1,500 円
2,000 円
2,500 円
2,000 円
2,500 円
3,000 円

図 3

A、B、Cどのグループも、多くの人が真《ま》ん中の値段のステーキを選んだのです。

これは奇妙《きみょう》なことです。値段を選んでいるはずなのに、重要なのは、値段そのものより「真ん中である」ということ――。つまり、**私たちは「自分で決めているつもり」でも、そう「決めさせられている」のではないか**ということなのです。

実は、このような人間の心の性質に基《もと》づいた販売戦略が、世の中では盛《さか》んに使われています。

最初に定価を高価格に設定し、そこから大きな値引きをするのもその1つです。消費者には、値引率の大きさからお得感が強調されて、思わず購入する気持ちになってしまうのです。

私たちは自分で商品を選んだつもりでも、実は「選ばされている」というのが現実だということです。

これらは、「ナッジ」と呼ばれる心理学的手法として知られています。

もともとは、社会的な改善のために、人々が自発的に望ましい行動を選択することを促《うなが》す方法として研究されたのですが、実際には、企業が消費者の行動や選択をコントロールするために多用するようになっているのです。

過去に見たものしか見ることはできない

次は、図４ａをご覧《らん》ください。どんな光景に見えるでしょうか。

読者の多くが、そこに図４ｂのような光景をご覧になっていると思います。家族が家の中で団らんの時を過《す》ごしている。中央に柱があって、壁《かべ》があって、そこに窓があって、向こうに樹木《じゅもく》が見える。

でも、アフリカやアマゾンで、壁も柱もない住居で暮《く》らしてきた人々には、そのようには見えないのです。

彼らの目には、図４ｃのような絵が映《うつ》っているのです。

私たちが柱として見ていたものは、外で日陰《ひかげ》をつくる樹木の幹《みき》。窓に見えていたのは、頭の上に載《の》せていた荷物……。壁も窓も見たことのない人たちは、元の絵に壁や窓を見《み》出《いだ》すことはできません。壁を壁と見ることはできず、窓を窓として見ることはできないのです。

私たちは、世界をあるがままに自由に見ることができると思っています。

でも、実際は、過去に見たもの、見た経験のあるものしか見ることができないということなのです。

図 4a

図 4b

図 4c

かつて、世界を一周したマゼラン一行が南太平洋のある島を訪れたとき、先住民は、最初、巨大な船を「見ることができなかった」と言われています。そんな巨大な船は、彼らの世界には存在しなかったからです。

幾百幾千《いくひゃくいくせん》の他人の影《かげ》――3つの「ち」

私たちの心は決して自由ではありません。主体的に選択《せんたく》することも、目の前のものをあるがままに見ることさえできません。

なぜなら、心は、私たちが生きてきた世界、環境からあまりにも多大な影響を受けているからです。心の成り立ちを考えてゆくと、私たちが自分のものだと思っている心は、実は、周りの人たちや環境から、様々なものを吸《す》い込んでできていることが見えてきます。

私は、それを3つの「ち」(血・地・知)と呼んでいます(図5)。

「血」とは、両親や家族から流れ込んでくる考えや生き方、価値観です。

「地」とは、地域や業界から流れ込んでくる考えや生き方、慣習《かんしゅう》や前提《ぜんてい》です。

「知」とは、時代から流れ込んでくる考えや生き方、知識や常識、価値観です。

3つの「ち」

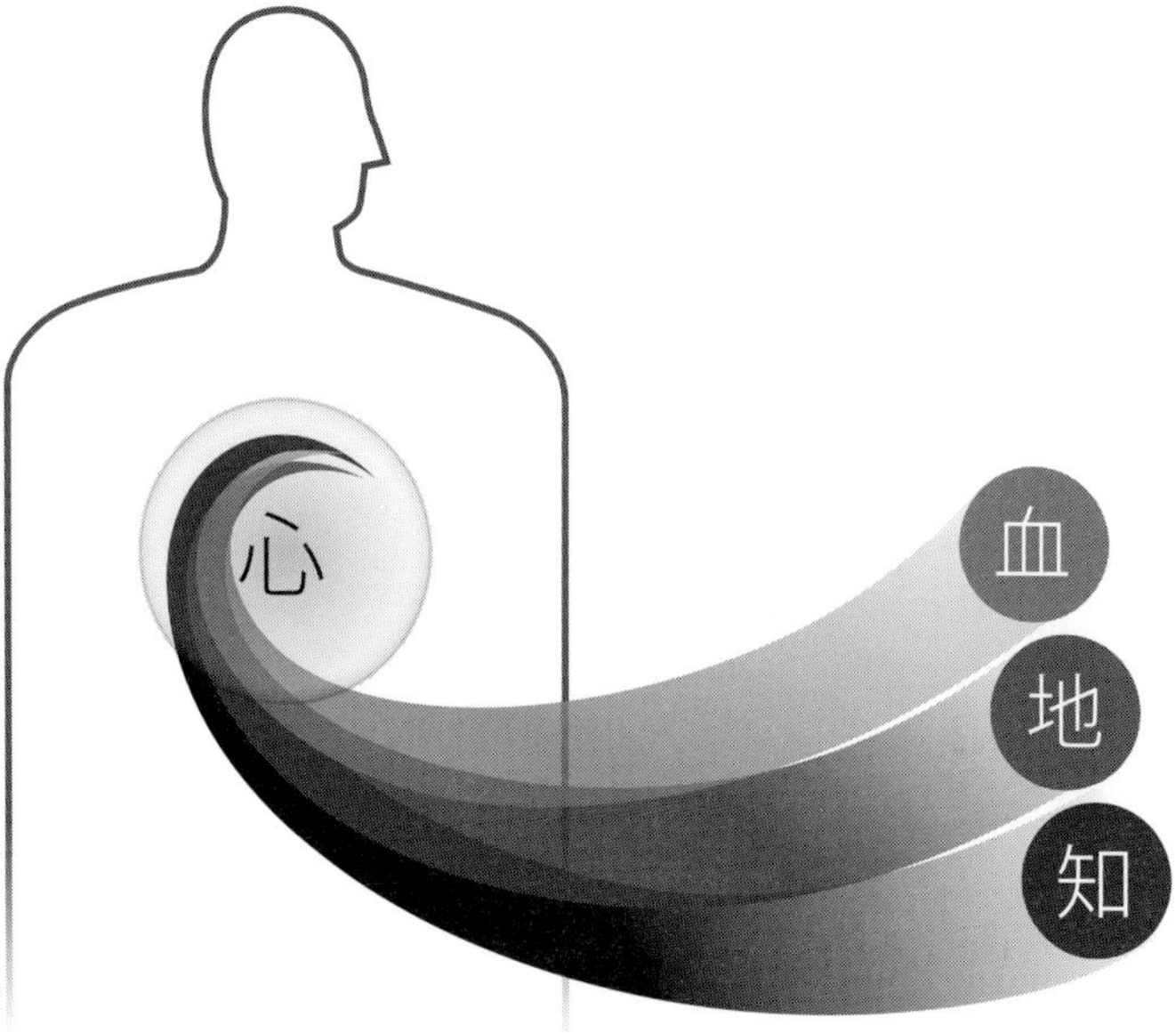

図5

これらが渾然一体《こんぜんいったい》となって、あたかも幾百幾千の他人の影がうごめいているのが私たちの心です。

中でも、両親（保護者）から流れ込んでくる「血」は、私たちの心に決定的な影響を与えます。幼子《おさなご》にとって親は絶対的な存在であり、好き嫌《きら》いも、利害の感覚も、善悪観も、価値観も、言葉や行動も、親から受ける影響は計《はか》り知れないものがあります。

「魂の学《がく》」によって、3つの「ち」を学び、両親が語っていた口《くち》グセやつぶやき、行動の仕方をじっくり振り返ってゆくと、今の自分が親とあまりにそっくりであることに気づいて驚《おどろ》く方が少なくありません。

実験2

人間の選択に関して、この3つの「ち」の影響を考えるために、夏の「かけ橋セミナー」では、もう1つの実験を行いました。目玉焼きにどんな調味料をかけて食べるのが好きか、子どもたちとそのご両親に答えていただいたのです。

問い：あなたは目玉焼きに何をかけて食べるのが好きですか？ 次の中から1つ選んでください。①ソース、②醤油《しょうゆ》、③塩、④ケチャップ、⑤その他

結果：子どもたちの回答と、その両親の回答が一致《いっち》する割合はどのくらいだったと思

います か。何と85%、つまり、ほとんどの親子の好みが一致したのです。

これはどういうことでしょう。

子どもたちは、何の疑問もなく、自分の好みで調味料を選んだと思っていたでしょう。でも、実は、その好みをつくっていたのは両親。子どもたちは、両親の好みを自分の好みにしていたのではないでしょうか。

同じように、私たちの心は、周りの人たちの好き・嫌い、良い・悪い、正しい・誤り、あらゆる考え、ものの見方、価値観、行動の仕方を吸い込み、それを自分のものにしてきたということです。

それは本当に自分の考えなのか

この世界に生まれ落ちたとき、私たちの周りには、すでにおびただしい数の「考え」が存在していました。

両親や家族の想いや考え、地域の人々の価値観や前提《ぜんてい》、時代の常識や価値観……。無数と言ってもよいほどの「考え」が渦巻《うずま》いているのがこの世界です。今も、書籍《しょせき》や雑誌、テレビやインターネットから膨大《ぼうだい》な情報が私たちの許《もと》に流れ込んでいます。

もちろん、何もできない赤子にとって、そこにある「考え」は、生きてゆくために絶対に必要な手立てです。それがあるから成長してゆけるのです。

しかし、私たちが問わなければならないのは、そうやって吸《す》い込んできた「考え」は、「本当に自分自身の考えなのか」ということです。

「暗示《あんじ》の帽子《ぼうし》」の正体

人生の最初から、外にある「考え」を1つ1つ吟味《ぎんみ》して自分の考えにしてきた人はいません。誰《だれ》もがそこにあるものをそのまま受け入れ、自分の考えにしてきたのです。

もちろん、それに反発することはありますが、その考えに大きな影響を受けていることに変わりはありません。

そして、まさにそれら吸《す》い込んだものが1つの母胎《ぼたい》となって、私たちの判断を生み出しているのです。

つまり、「それはこう見るんだ」「このように考えなさい」「こう決めなければならないよ」——といった暗示にかけられていると言っても過言《かごん》ではありません。

もうおわかりでしょう。

暗示の帽子

これが、プロローグで取り上げた「暗示の帽子」の正体《しょうたい》です。

私たちは皆《みな》、「暗示の帽子」をかぶっています。

帽子は、ひっきりなしに「こう考えるんだ」「そうしてはダメだ」「これを選べ」と語りかけてきます。そして私たちは、それ以外のことは思いつかず、その暗示の通りに考え、行動してしまいます。

帽子に従《したが》っているとき、私たちの心は、まさにブラックボックスそのものです。

なぜそれを選ぶのか。なぜそう行動するのか。意識することもなく、自動的にそうしてしまうのです。日々の中で、思い考え、判断して行動するときも、人生の岐路《きろ》で重要な選択《せんたく》をするときも、常《つね》に帽子はあなたに囁《ささや》いています。

でも、その帽子の暗示は、本当に正しいのでしょうか。

「中古品の自分」の奥に「オリジナルな自分」が隠《かく》れている

「暗示《あんじ》の帽子《ぼうし》」は、多くの言葉や誰《だれ》かの考えの断片《だんぺん》、過去の考え方や生き方からできています。言うならば、中古品のかたまりです。

その暗示の帽子に暗黙《あんもく》のうちに従《したが》っている以上、私たちは「中古品の自分」を生きることになります。

しかし、**もし私たちが、「オリジナルな自分」（本当の自分）として人生を生きることを願うなら、暗示の帽子を脱《ぬ》がなければなりません。**

なぜなら、帽子をかぶった自分は、本当の自分ではないからです。

では、本当の自分は、どこにいるのでしょうか。

この世界に生まれ落ちて、無数の考えを吸《す》い込んできた私たち。ある意味で、そこには選択《せんたく》の余地《よち》はありませんでした。目の前のものを吸い込む以外に生きる道はないからです。

ならば、**何を吸い込んで、どのように自分の心がつくられてきたのか、無自覚のうちに流れ込んできた3つの「ち」を知ることが、本当の自分を取り戻《もど》す最初の一歩になるはずです。**

そして、かつて選べなかったものをもう一度、新たに選び直す——。

それができるのは、私たちの中に、真実の「オリジナルな自分」が息《いき》づいているからです。

プロローグで触《ふ》れたように、「魂の学《がく》」は、人間の本質を永遠の生命を抱《いだ》く魂の存在と受けとめます。

心の奥深くに息《いき》づくその本体である魂を、私は「智慧持つ意志のエネルギー」と呼んできました。このエネルギーこそ、無数の考えや生き方を吸い込ませた大元《おおもと》です。外にあった考えや生き方ではなく、それを吸い込んだエネルギーこそが私たちの本体なのです。残念ながら、ほとんどの人は、この魂というエネルギーの存在を知らずに生きていますが、それは想像を超える可能性を湛《たた》えています。

そこには、幾度《いくど》にもわたる人生の経験から蓄《たくわ》えた叡智《えいち》があります。

そして、新たに私たち自身を形づくると同時に、自分を超えて世界や人々とつながり、宇宙に張《は》り巡《めぐ》らされた見えない網《あみ》の目とつながって、限《かぎ》りない力を私たちにもたらしてくれるのです。もし、その可能性を取り出すことができれば、未知の力を世界に現すことができます。

私たちの本体である魂のエネルギーが、吸い込んできた考えや生き方を、改めて自覚的に使うことができたら――。

そこに、唯一《ゆいいつ》のオリジナルな自分、私たちがめざす「最終形の自分」が現れてくるのです。

第2章

心のブラックボックスを解読《かいどく》する

ブラックボックスとして存在する「心」。

その謎《なぞ》を解く２つの鍵《かぎ》がある。

その鍵を駆使《くし》して

ブラックボックスの暗号を解読してゆくと

人間の心の普遍的《ふへんてき》な４つのタイプがその姿を現す――。

心を読み解く新しい言葉

紀元前8世紀のホメーロスの作とされる叙事詩《じょじし》『オデュッセイア』には、青という色を表す言葉が1つも出てこないと言われています。黒は約200回、白は約100回、赤は15回、黄と緑は10回ほど出てくるのに、青は一切《いっさい》ないというのです。

実は、ヘブライ語の聖書にも、コーランにも、青という言葉は出てこないと指摘《してき》する文献《ぶんけん》学者もいます。

つまり、古代には「青」という言葉がなかった――。言葉がなかったということは、人々は青という色を認識することがなかったということです。「青」という言葉がなければ、人は青色を見ることはできないからです。

もう1つ、色のお話をしましょう。今日《こんにち》、わが国では、虹《にじ》は7色と言われていますが、どの国でも7色というわけではありません。米国と英国は6色、フランスとドイツは5色、ロシアと東南アジア諸国《しょこく》は4色です。さらに、3色、2色という国もあります。7色の内訳《うちわけ》は、赤・オレンジ・黄・緑・水色・青・紫《むらさき》。こうした色の言葉と概念《がいねん》があるからこそ、人は虹に7色を見ることができるのです。

かつて、味覚《みかく》は、甘味《かんみ》、塩味《えんみ》、酸味《さんみ》、苦味《にがみ》の4つが基本とされていました。

しかし、現在では、それに加えて、わが国にあった「うま味」という味覚が世界的に認められるようになっています。

「うま味」という言葉を持たなかった国の人々は、「うま味」を本当の意味で感じ、理解することはできませんでした。ヨーロッパの料理の専門家がブイヨンやコンソメなど、「うま味」を強める料理法を知っていたにもかかわらず、学者は「うま味」の存在に対して懐疑的《かいぎてき》でした。

ところが、2000年になって、舌の味蕾《みらい》の中に、うま味成分として知られるグルタミン酸の受容体《じゅようたい》があることが発見され、そこから世界的に「うま味」(Umami)という味覚が認められることになったのです。

「うま味」(Umami)という新しい言葉は、世界共通語になり、これまでなかった味覚体験を人々にもたらすことになりました。

言葉は不思議《ふしぎ》なものです。多くの言葉は、実体に対するラベルとしての機能を持っています。しかし逆に、言葉があるから、その実体を感じ、知り、見ることができるようになるのです。つまり、新しい世界を理解し、体験するためには、新しい言葉が必要だということです。

これから、私たちが探究しようとする「心」のブラックボックスも同じです。

「魂の学《がく》」は、「心」を読み解くために、新しい言葉を提供します。

3つの「ち」、受発色《じゅはっしき》、偽我《ぎが》、善我《ぜんが》、真我《しんが》、快系、苦系、暴流系、衰退系、快《かい》・暴流《ぼうりゅう》、苦《く》・暴流《ぼうりゅう》、苦《く》・衰退《すいたい》、快《かい》・衰退《すいたい》、受発色の回路……。

最初は、とっつきにくいかもしれません。しかし、その新しい言葉によって、「心」を実感し、深い理解を得ることができることを忘れないでいただきたいのです。

あなたもやがて、その言葉なしには、心について語ったり伝えたりすることは困難だと思われるようになるに違いありません。

ぜひ、本書に出てくる新しい言葉の数々を、「心」を実感し、解読し、進化・成長させるための大切な手がかりとしていただきたいと思うのです。

心はインプット・アウトプット

「心」は、常《つね》に私たちの前にある状況に対して、インプット（入力）とアウトプット（出力）というはたらきを示します（図6）。絶えず外界と内界のエネルギーを交流させて、私が「内外《うちそと》エネルギー交流」と呼ぶはたらきを現《あらわ》しているのです。

インプットとアウトプット

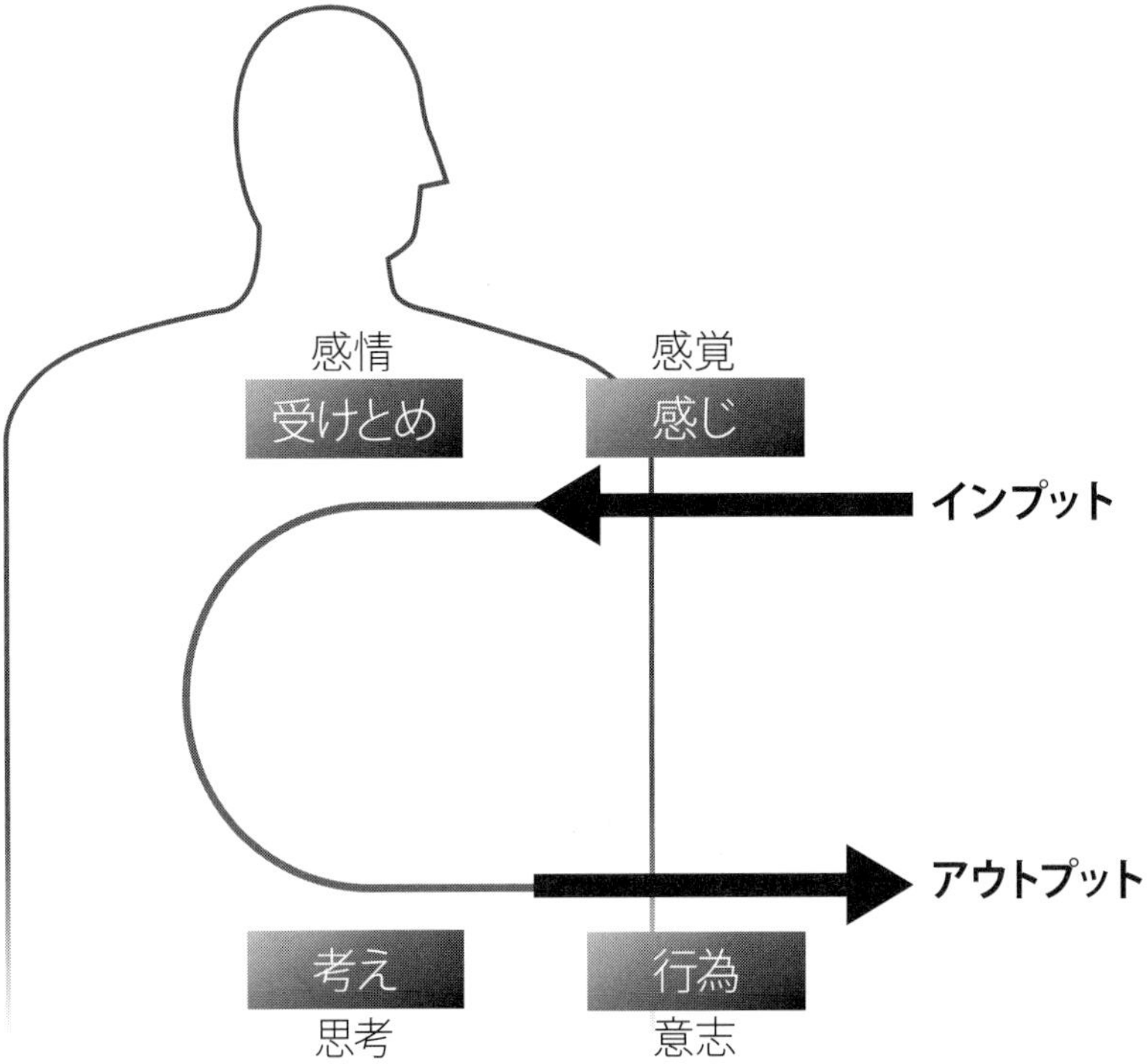

図 6

様々な刺激《しげき》、出会い、出来事を「心」が感じ、受けとめると、瞬時《しゅんじ》に、想い、考えが動き出し、判断、言動が生まれてゆく。

そこで繰《く》り返されているのは、外からやってくる刺激に対して、「感じ・受けとめる」というインプット、「考え・行為《こうい》する」というアウトプットです。

それは、世界中のすべての人に共通しています。

しかし、たとえ、同じ出会いや出来事を前にしていても、全員が同じインプットをするとは限りません。それ以上に、アウトプットが同じになることはまずないのです。

たとえば、自分と同じ状況にいる知人が、どうしてそんな行動を取るのかわからないと感じた経験はないでしょうか。

そのアウトプットがどれほど不可解《ふかかい》であっても、同じ刺激がくると同じアウトプットが出てくる。いつもと同じ行動、いつもと同じ現実が生まれてくる。

自ら望んでいないのに、そうなってしまうこともあります。

インプットでスイッチが入ると、電光石火《でんこうせっか》のごとく、アウトプットまで一気に連鎖《れんさ》してしまう。なぜそんなことが起こってしまうのでしょうか。

ブラックボックスに組み込まれた自動回路

「魂の学」では、インプット、アウトプットの心のはたらきを「受発色《じゅはつしき》」という言葉で捉《とら》えます（図7）。

「受《じゅ》」とは受信――感じ・受けとめるはたらきです。感覚・感情に呼応《こおう》しています。「発《はつ》」とは発信――考え・行為《こうい》するはたらきです。これは、思考・意志に対応するものです。

そして、「色《しき》」とは、仏教の言葉で、形や色のあるもの、現実を意味します。人間は、外からやってくる刺激《しげき》に対して、とどまることなく、受→発→色、受→発→色、受→発→色……と受発色を回し続け、現実を生み続けているのです。

受発色を回すとは、感じ・受けとめ・考え・行為、すなわち感覚・感情・思考・意志という心のはたらきの全体を使う営《いとな》みです。

重要なことは、この受→発→色は1つの特徴あるパターンになっていて、刺激によってスイッチが入ると、機械のように自動回路が作動し、いつもと同じ現実を生み出し続けるということです。

それは、ある意味で省エネになりますが、新しい現実に直面しても、いつも決まった

受発色

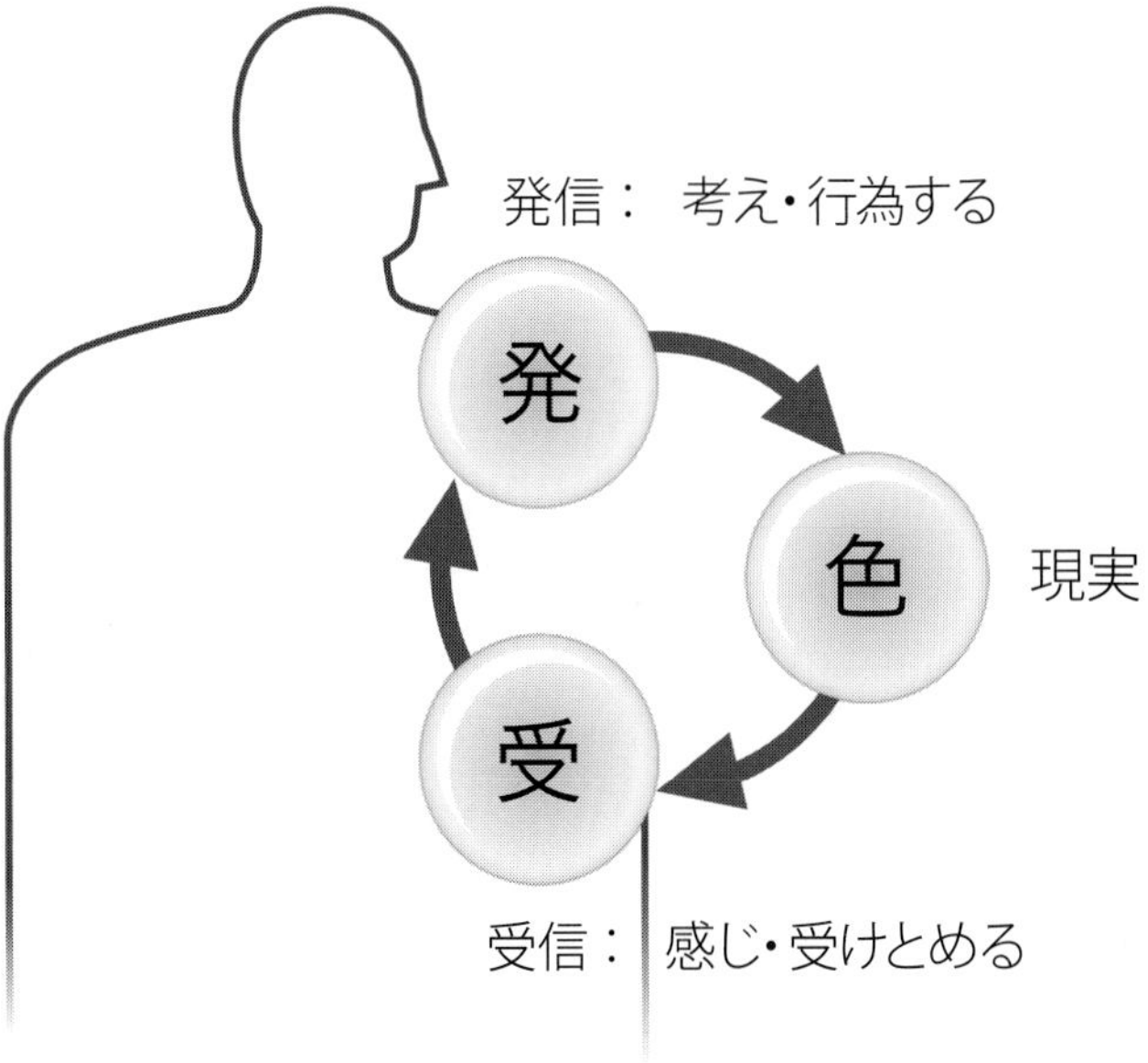

図 7

やり方、過去と同じやり方を繰《く》り返す惰性《だせい》を生んでしまうのです。

私たちの心は、自動回路が内蔵《ないぞう》されているブラックボックスにほかなりません。

心のブラックボックスを解読《かいどく》する鍵《かぎ》1――快系か苦系か

では、どうしたら、この心のブラックボックスを解読することができるのでしょうか。

2つの鍵があります。それはインプットとアウトプットに関わるものです。


1つ目のインプット（入力）の鍵とは、ものごとを感じ、受けとめるときのもっとも基本的で重要な尺度《しゃくど》――快と苦の刺激《しげき》をどう受けとめるかという感じ方の傾向《けいこう》、クセです。


それによって、心のはたらき方は大きな違いを見せるのです。

多くの生命体が絶対的に従《したが》っている快感原則《げんそく》をご存じでしょうか。それは、快を引き寄せ、苦を遠ざけようとする、生物に共通の行動原理であり、その原則がはたらかなくなったら、たちまち生きてゆくことが困難になる根本的《こんぽんてき》な感覚です。

人間は、その快感原則を拡大《かくだい》し、身体的な快苦のみならず、好き嫌《きら》い、利害、善悪、価値があるかないかなど、あらゆるものを快か苦かのグループに分類しています（図8）。

快か苦か

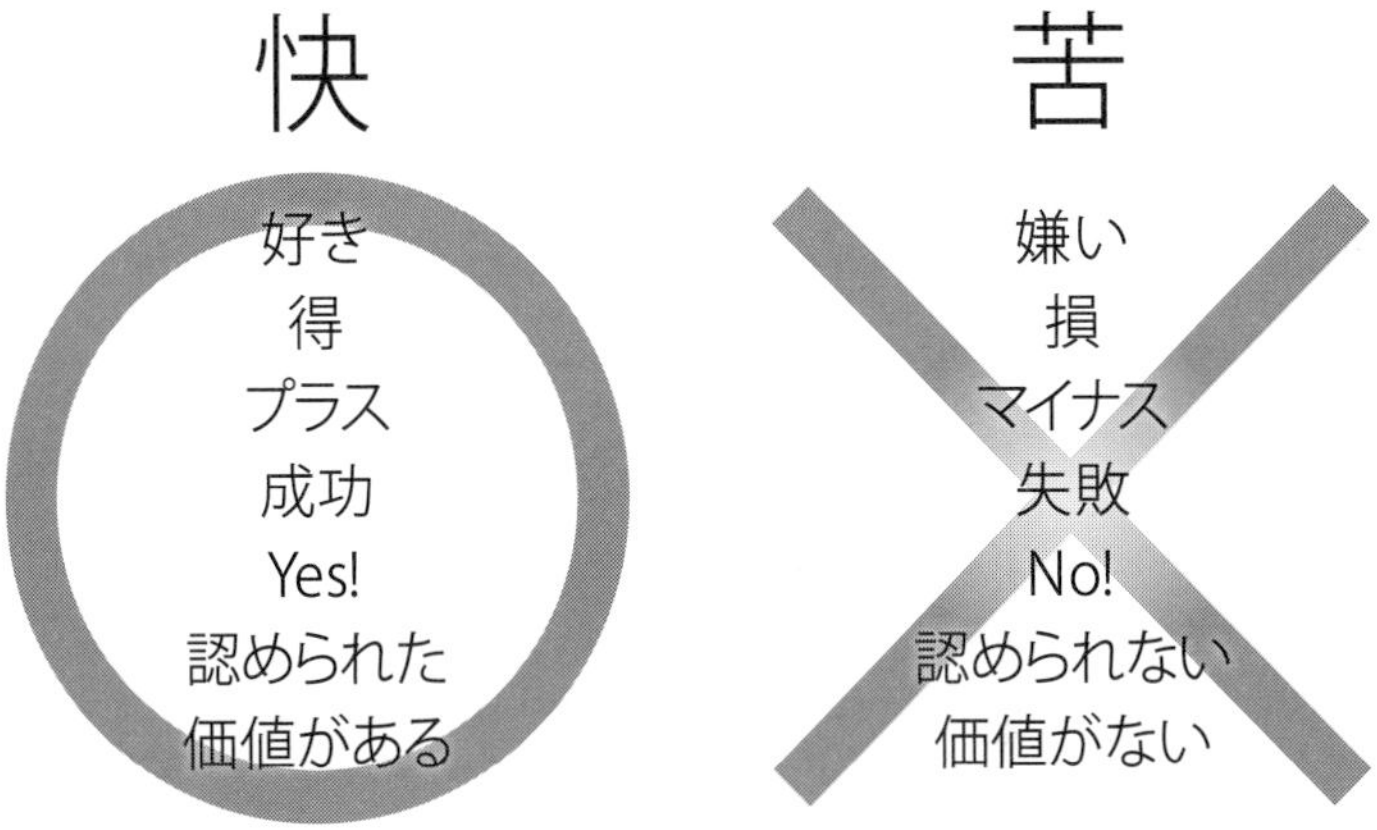
快
好き
得
プラス
成功
Yes!
認められた
価値がある
苦
嫌い
損
マイナス
失敗
No!
認められない
価値がない

図 8

快のグループがくれば安心し、歓《よろこ》び、充実感を覚える＝○《マル》。苦のグループがくれば不安になり、動転《どうてん》し、落ち込み、苦悩《くのう》する＝×《バツ》。日々、どれほど多くの人が快か苦かの快苦の振動《しんどう》に翻弄《ほんろう》され、アップダウンを繰《く》り返しているでしょうか。

つまり、快か苦か、どちらのストローク（一打《いちだ》）がやってくるかはそれだけ決定的なのです。

それゆえに、私たちは自分の許《もと》にやってくるストロークが、快か苦かを、瞬時《しゅんじ》に見分ける力を身につけるようになります。

そして、快苦の反応は、もともと一時的なものですが、それが1つの傾向を帯《お》びるようになるのです。

問題は、あるがままに快苦を見分けるのではなく、クセのある2つの傾向のいずれかを身につけてしまうことです。

1つは、**快の刺激により注目《ちゅうもく》し、ものごとを快の方向に受けとめやすい「快系」の傾向です。**自分や世界を容易《ようい》に肯定《こうてい》し、現実をよい方に、楽観的、肯定的に受けとめるのです。

もう1つは、逆に**苦の刺激により注目し、ものごとを苦の方向に受けとめやすい「苦**

系」の傾向です。人や世界をなかなか信じられず、現実を悪い方に、悲観的、否定的に受けとめるのです。

あなたの心は快系か苦系か、どちらの傾向をより強く持っているでしょうか。

それが心のブラックボックスを解読する第1の鍵です。

心のブラックボックスを解読《かいどく》する鍵《かぎ》2——暴流系か衰退系か

心のブラックボックスを解読するもう1つの鍵は、アウトプット（出力）、発信に関わる傾向《けいこう》です。

エネルギーの出力ということを考えたとき、私たちの心には、エネルギーをどんどん出そうとする傾向と、抑制《よくせい》しようとする傾向の2つがあることがわかります。

それが心のはたらきの大きな違いを生み出すのです。

1つは、**心のエネルギーの出力が大きく、発散《はっさん》してゆく「暴流系」。**

もう1つは、**エネルギーの出力は穏《おだ》やかで、収束《しゅうそく》してゆく「衰退系」。**

暴流系の人は、見るからに力にあふれてダイナミック、能動的《のうどうてき》で競争を好み、エネルギーを外に出して相手を圧倒《あっとう》し、周囲に大きな影響力を与えようとします。

一方、衰退系の人は、スタティック（静的）で受動的、周囲との融和《ゆうわ》を好み、エネルギーを内側で調整し、抑制《よくせい》しようとします。

この**「快―苦」「暴流―衰退」という2つの軸《じく》によって、私たちは心のブラックボックスを読み解くことができるのです。**

ただし、快か苦かの傾向も、暴流か衰退かの傾向も、0か100かという単純なものではありません。両者の傾向をある割合で持っていると考えるべきです。

快系・苦系がつくり出す日常

では、快苦の傾向《けいこう》について、さらに見てゆきましょう。

快系の心はものごとのプラス面を意識して、よい方によい方に受けとめる傾向があるのに対して、苦系の心はマイナス面を意識して、悪い方に悪い方に受けとめる傾向があります。

快系の人はポジティブな面を思い描《えが》いてものごとを進め、苦系の人は常《つね》にネガティブなことを想定しながら行動するのです。

リーダーに選ばれたときどう思う？——会社で新たなプロジェクトのリーダーに選ばれたとき、手放《てばな》しに喜ぶのは快系の人たちです。

「認められてうれしい」「よし、自分の力を示すチャンス到来《とうらい》だ！」というように、事態を肯定的《こうていてき》、前向きに受けとめます。

快系の人は、基本的に「快」のストロークに意識を向けてきたため、それを享受《きょうじゅ》することに違和感《いわかん》がありません。

一方、苦系の人は、通常なら、それがプラスの現実であっても、いつでも「苦」の現実に変貌《へんぼう》し得《う》る、翳《かげ》りあるものと受けとめるのです。たとえば、「足を引っ張られないようにしよう」「大丈夫《だいじょうぶ》だろうか。自分にできるだろうか」という感じです。

そして、苦系の人には、快系の人の受けとめ方はあまりにも無防備《むぼうび》で脳天気《のうてんき》、ときには単細胞的《たんさいぼうてき》に見えてしまいます。逆に、快系の人は、苦系の人の受けとめ方に「何でそんなに面倒《めんどう》くさいの？」と思ってしまうのです。

パーティーに誘《さそ》われたときどうする？——人が集まる場に誘われたとき、快系の人は、「楽しみ！」「知らない人と出会い、新たな可能性が開けそう」と受けとめるのに対して、苦系の人は、「嫌《いや》だな、面倒だな」「何でそんなところに行かなければならないの。勘弁《かんべん》してよ……」と受けとめます。

新しいことに向き合うとき、快系の人は、まずその可能性を考えるのに対して、苦系の人は、慎重《しんちょう》に、制約を念頭《ねんとう》において行動しようとするのです。

快系の人は、しばしば過信や侮《あなど》りに陥《おちい》りますが、基本的に自分や世界を信頼《しんらい》しています。他人との関係もおおむね良好だと感じています。

しかし、苦系の人は、人と世界を容易《ようい》に信頼することはできません。


何気《なにげ》ない言葉をそのまま受けとめる?——快系の人が楽観的、共感的、受容的《じゅようてき》な姿勢を示すということは、心配したり慎重になったりすることなく、言葉や事実をそのまま信じて受けとめるということです。

誰《だれ》かが「寒いと思ったら、窓が開いていたんだ」と言えば、「ああ、そうなんだ」とすんなり受けとめます。

しかし、苦系の人は違います。言葉や事実を見たまま、言われたままに受けとめるということはあまりありません。潜在的《せんざいてき》なマイナスを想定し、様々に懸念《けねん》したり、言葉の裏を心配したりするのです。

誰かが「寒いと思ったら、窓が開いていたんだ」と言ったなら、「それって、窓を閉めろっていうこと？」「窓を閉めなかった私が悪いの？」というような反応を示します。

誰かにプレゼントをするときは？――職場の同僚《どうりょう》が異動《いどう》することになり、贈《おく》り物を選ぶ担当になったとき、快系の人は、躊躇《ちゅうちょ》なく、自分がもらってうれしいと思うものを選びます。誰もが自分と同じだと思うからです。

しかし、苦系の人は、そんなふうには思えません。少なくとも自分がいいと思うものを他の人もほしいと思うとは考えません。実際に、相手が何をほしいと思っているのかを探《さぐ》ったり、人気のある贈り物を調べたりするのです。

ものごとにどんなサインを見ている？――快系の人は、ものごとに対して「きっとうまくいく」という「成功のサイン」を見がちです。あるいは、事態を切実《せつじつ》に受けとめることができず、「まあ、大丈夫《だいじょうぶ》」「たぶん問題ないでしょう」と、「問題なしのサイン」を見ていることが少なくありません。

一方、苦系の人は、ものごとのマイナスを考え、不穏《ふおん》な気配《けはい》をチェックして、自分を脅《おびや》かす「障害のサイン」や「悪意のサイン」を探さずにはいられないのです。

ここまで見てくると、読者の皆さんは、苦系の心よりも、快系の心の方が望ましいと思われるかもしれません。しかし、事《こと》はそれほど単純ではないのです。

実際、快系の心によって、様々な問題が生み出されています。イケイケドンドンでやりたいようにやり、暴走するワンマン社長。横暴《おうぼう》な上司によるパワハラ問題。さらに人類規模《きぼ》の環境破壊《はかい》を深刻化《しんこくか》させ、バブル経済の膨張《ぼうちょう》と崩壊《ほうかい》を繰《く》り返してきたのも、この快系の心だからです。

また、楽観するあまり、事態の変化に鈍感《どんかん》で問題の端緒《たんしょ》を見落とし、混乱を招《まね》いたり、ものごとを先延《の》ばしにして、あとで対処《たいしょ》不能に陥《おちい》ってしまったりということも生じます。

一方で、苦系の心は、ものごとを慎重に進めます。そのため、快系のようなことは起こらないかもしれません。しかし、あまりの慎重さのために逡巡《しゅんじゅん》して停滞《ていたい》を引き起こしたり、不信感を募《つの》らせて緊張関係や対立関係を煽《あお》り、争いを繰り返してしまったりするのです。どちらがよいと言うことはできません。

快系、苦系いずれの心も、可能性と制約の両方を抱《かか》えているということです。

暴流系《ぼうりゅうけい》・衰退系《すいたいけい》がつくり出す日常

では、もう1つの鍵《かぎ》である暴流系と衰退系の違いはどうでしょう。

暴流系の人はエネルギッシュで、大きなエネルギーを生み出すことができます。ただ、そのエネルギーの質が問題で、しばしば大きな歪《ゆが》みを抱《かか》えたエネルギーが放出《ほうしゅつ》されてしまいます。暴《あば》れ川のようになり、セーブしたり、コントロールしたりすることができません。猪突猛進《ちょとつもうしん》、とりつく島もない状態になったり、何かに拘泥《こうでい》して、果《は》てしなく粘着《ねんちゃく》的《てき》な状態が続いたりします。

というのも、暴流系の心は、自分の中に生まれたエネルギーのすべてを外側の世界に発散《はっさん》しようとするからです。それを抑《おさ》えたり、押し止めたりするのは苦痛です。「何かをしたい」と思えば、行動し、挑戦《ちょうせん》し、「問題だ」と思えば、異議《いぎ》を唱《とな》え、対立し、衝《しょう》突《とつ》します。ですから、様々な現実的な問題を引き起こすことになるのです。

目的を意識して能動的に行動し、他人に影響力を及《およ》ぼそうとする「押し」が強く、主《しゅ》導権《どうけん》を握《にぎ》ろうとする傾向です。

一方、**衰退系**の人は、控《ひか》えめで穏《おだ》やかで、平穏《へいおん》、のんびり、静寂《せいじゃく》、マイルド、安定が基調《きちょう》です。一時的にエネルギーが放出されても、それが連続することはなく、すぐに収《しゅう》束《そく》して安定しようとします。自らエネルギーを引き出すというよりは、外圧によって、エネルギーが引き出されることが多いのも特徴です。つまり、周囲に依存《いぞん》し、他に振《ふ》り回されやすくなるということです。

波風《なみかぜ》立てることを避《さ》ける衰退系の人たちの問題は、一見目立ちませんが、達成されるべきことが達成されず、取り組まれるべきことが先送りされることによって、未来に問題を拡大し、潜在的《せんざいてき》には、より大きな困難を引き寄せてしまうことが少なくありません。受動的《じゅどうてき》な傾向が強く、人との安定的な関係を求め、相手を支配しようとはせず、融和《ゆうわ》を大切にする傾向です。

何に幸せを感じる？——暴流系と衰退系では、幸せや充実《じゅうじつ》の感じ方が異《こと》なります。暴流系の人は、自分のエネルギーを放出し、それが具体的な成果として形になることに充実感を覚えます。自分が思い描《えが》いた現実を生み出したり、自分が意識化している問題を解決したりすることができれば、それ以上の幸せはないのです。

衰退系の人は違います。もちろん、衰退系の人も、新しい現実を生み出せたり、問題を解決できたりすれば、うれしく幸せです。でも、衰退系の人たちが基本的に幸せを感じるのは、自分が安定や融和の中にあり、認知《にんち》されているときです。何かを獲得《かくとく》することよりも、認められ、受けとめられ、大切にされていることが幸せを感じる鍵《かぎ》となるのです。

試練に対しては？——試練がやってきたとき、暴流系の人は、何としてもそれを打開しようと動き出します。それだけの影響力を与えることができると考えるのです。けれども、衰退系の人は、まず、その試練に耐《た》えることができるかどうかを考えます。耐えられるなら、無理に行動することはないと結論づけることも少なくありません。自分の影響力には限界があると感じているからです。

勝負にこだわる、こだわらない?――暴流系の人は、結果にこだわり、ものごとを勝負として捉《とら》える傾向があります。仕事はもちろん、人と話をしていても、遊んでいても、そこには勝ち負けがあります。そして、勝たなければ気がすまない。自分の主張を認めさせたいのです。

それに対して、衰退系の人は、結果にそこまでこだわらず、ものごとを勝負とは考えません。勝負はできれば避《さ》けるべきもの。争わず皆《みな》が融和していることが一番なのです。

ブラックボックスに隠《かく》れていた4つのタイプ――煩悩地図《ぼんのうちず》

いかがでしょうか。快系と苦系、暴流系《ぼうりゅうけい》と衰退系《すいたいけい》。

ご自身の傾向《けいこう》が見えてきた方もいらっしゃるのではないでしょうか。

先に述べたように、快系か苦系か、暴流系か衰退系かというのは、それぞれが偏《かたよ》りを抱《かか》えたクセのある傾向です。１００％どちらかだけということはなく、１人の人間の中には、たとえば、快系の性質が65％、苦系の性質が35％というように、ある割合で両方とも存在しています。

つまり、**快系・苦系、暴流系・衰退系のそれぞれの軸上《じくじょう》のどこかに、私たちの心が位置しているということです。**

そして、この「快─苦」「暴流─衰退」という2つの軸の交差《こうさ》によって生まれる４つの象限《しょうげん》（領域《りょういき》）から、人間の心＝受発色《じゅはつしき》の４つのタイプが導き出されるのです。

この４つのタイプは、いずれも可能性と制約の両方を抱《いだ》いています。

しかし、私たちが「最初の自分」（Initial Self《イニシャル セルフ》）のまま、「偽我《ぎが》」の段階にあるとき、可能性よりも多くの制約を引き出し、暗転の現実を生み出してしまうことから、「魂の学《がく》」では「煩悩《ぼんのう》」とも呼んでいるのです。

これが、「魂の学」が示す心のマップ――**「煩悩地図」（図9）**の基本です。

ここに現れる煩悩――快《かい》・暴流《ぼうりゅう》、苦《く》・暴流《ぼうりゅう》、苦《く》・衰退《すいたい》、快《かい》・衰退《すいたい》もまた、私たちがそれと気づかずにかぶってしまう「暗示《あんじ》の帽子《ぼうし》」の1つの横顔です。この４つのタイプが

煩悩地図

受発色の４つのタイプ

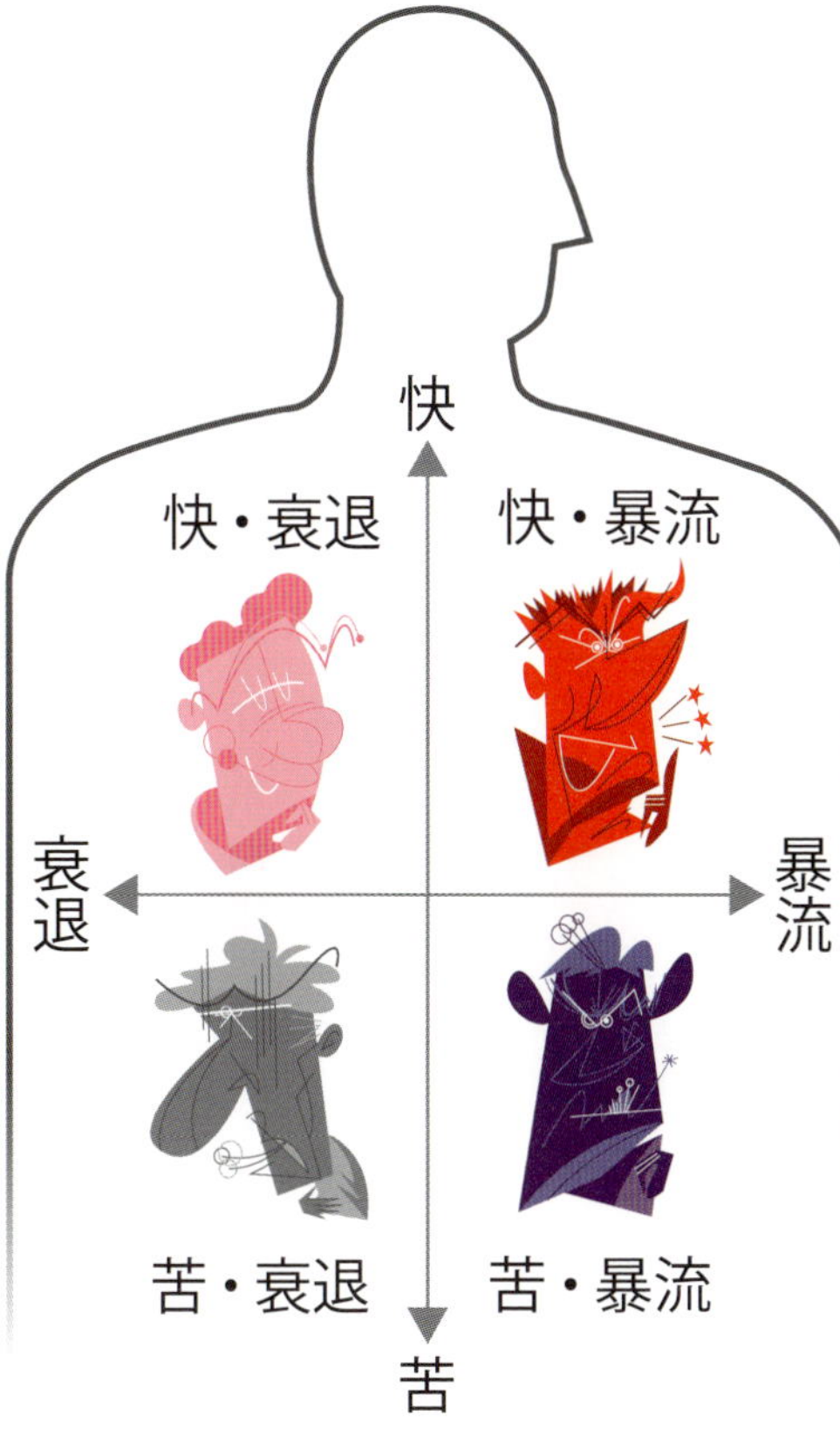

図９

心のブラックボックスに隠《かく》れているのです。

私たちは、この快・暴流、苦・暴流、苦・衰退、快・衰退の心によって、日々新たな現実を生み出し、人生をつくっています。

では、4つのタイプそれぞれの概要《がいよう》を見てゆきましょう。

快・暴流タイプ：飽《あ》くなき挑戦者《ちょうせんしゃ》か、独《ひと》りよがりの自信家か――快・暴流の人は、ものごとを「きっとうまくいく！」と、肯定的《こうていてき》、楽観的に受けとめ（快）、「どんどんやろう！」と積極的、精力的に行動します（暴流）。

明るく、元気で、意欲的、エネルギッシュに新しいことに次々に挑戦してゆく力を抱いた「飽くなき挑戦者」としての可能性を秘《ひ》めています。

一方で、「自分はできる」「自分はわかっている」という優位の想いが強く、周囲の人々を軽《かろ》んじたり、強引《ごういん》に自分の思い通りにものごとを進めたりします。

その結果、「繁栄即滅亡《はんえいそくめつぼう》」という破滅的《はめつてき》な状況を招きかねません。うまくいかないところがあっても、事態を歪曲《わいきょく》して、「うまくいっている」と「成功のサイン」を見出《みいだ》し、自分にGO《ゴー》を出し続ける。それが嵩《こう》じて、他人の言うことに耳を傾《かたむ》けず、独善的《どくぜんてき》になり、人間関係は孤立し、「独りよがりの自信家」と言うべき傾向が現れることになるのです。

苦・暴流タイプ：勇気ある正義漢《かん》か、恨《うら》みの強い被害者か――苦・暴流の人は、ものごとの否定的な面を逃《のが》さず、慎重《しんちょう》に受けとめ（苦）、しかもマイナス面を従順《じゅうじゅん》に受け入れるのではなく、対抗的《たいこうてき》、攻撃的《こうげきてき》に対処《たいしょ》しようとします（暴流）。

苦・暴流には、ものごとをきちんと進め、責任に応《こた》えようとする傾向があります。正義感が強く、曲がったことは正し、守るべきことのために闘う強さを抱いています。いわば、「勇気ある正義漢」としての可能性を秘《ひ》めていると言えるでしょう。

しかし、その一方で、人と仲良くすることは苦手で、近寄りがたい拒絶的《きょぜつてき》な気配《けはい》を出していることも少なくありません。自らの正義を絶対視するあまり、他の意見を一蹴《いっしゅう》し、他との違いに苛立《いらだ》ち、そこに「悪意のサイン」を見出《みいだ》して、攻撃や争いを繰《く》り返してしまいます。

その結果、多くの摩擦《まさつ》と消耗《しょうもう》が生じざるを得《え》ません。その姿は「恨みの強い被害者」。その場に関わる人々の心は疲れ、荒《すさ》み、殺伐《さつばつ》とした空気を生んでしまうのです。

苦・衰退タイプ：ひたむきな求道者《ぐどうしゃ》か、あきらめに縛《しば》られた卑下者《ひげしゃ》か――苦・衰退の人は、ものごとを慎重に、ときに悲観的に受けとめ（苦）、控《ひか》えめで抑制《よくせい》された行動を取ります（衰退）。

決して出しゃばらず、生真面目《きまじめ》で謙虚《けんきょ》な雰囲気《ふんいき》を持っていて、誰《だれ》が見ていようといまいと、1つのことをずっと続けることができる「ひたむきな求道者」とでも言うべき側面を有《ゆう》しています。

ところが、一方で、引っ込み思案《じあん》で、自分に自信が持てず、他人と自分を比較して落ち込んだり、事態にすぐ「障害《しょうがい》のサイン」を見出して「もうダメだ」とあきらめてしまったりします。その結果、いつも重苦しい気配を周囲にまき散《ち》らすことになり、まさに「あきらめに縛られた卑下者」と言うべき姿を現してしまうのです。

快・衰退タイプ：心優《やさ》しい癒《い》やし手か、自己満足の幸福者《こうふくもの》か――快・衰退は、ものごとを楽観的、肯定的《こうていてき》に受けとめ（快）、融和的《ゆうわてき》に行動する（衰退）傾向です。

快・衰退の人は、優しく温和で人の好《よ》い印象を与え、一緒にいるだけで人を和《なご》ませる側面があります。いわば、「心優しい癒やし手」の可能性を秘めていると言えます。

しかし、その一方で、猶予《ゆうよ》感覚が強く、面倒《めんどう》なことはすぐ先送りにしてしまうために、改善や革新《かくしん》のエネルギーを失い、マンネリ化し、停滞《ていたい》してしまいます。波風《なみかぜ》を立てずに、他人から嫌《きら》われない「よい人」であり続けようとする結果、深い人間関係を結ぶことができません。また、ホッとできる時間が大好きで、集中力が続かず、仕事でもミスや忘れ物が多く、しかもそれを繰り返すのが特徴です。

あらゆる事態に「問題なしのサイン」を見て、未来に大きな問題をつくっているのに、現実との間に隙間《すきま》をつくり出して安住《あんじゅう》してしまいます。その姿は、「自己満足の幸福者」でしかありません。

本書に掲載する煩悩《ぼんのう》地図《ちず》の詳細図《しょうさいず》には、さらに、4つの受発色のタイプのそれぞれが抱いている、代表的な3つの受発色の回路が明らかにされています。

快・暴流タイプ（235ページ）
①歪曲《わいきょく》→独尊《どくそん》→孤立《こりつ》、②優位→支配／差別→枯渇《こかつ》／反感、③欲得→貪《むさぼ》り→無理

苦・暴流タイプ（150ページ）
①拒絶《きょぜつ》→頑固《がんこ》→硬直《こうちょく》、②批判《ひはん》→正論→対立／萎縮《いしゅく》、③不満→荒れ→破壊《はかい》

苦・衰退タイプ（105ページ）
①恐怖→逃避《とうひ》→衰弱《すいじゃく》、②否定→鈍重《どんじゅう》→沈鬱《ちんうつ》、③卑屈《ひくつ》→愚痴《ぐち》→虚無《きょむ》

快・衰退タイプ（194ページ）
①満足→怠惰《たいだ》→停滞《ていたい》、②鈍感《どんかん》→曖昧《あいまい》→混乱、③依存《いぞん》→契約《けいやく》→癒着《ゆちゃく》

覆《おお》われていても確かな真我《しんが》の光

このような受発色《じゅはっしき》のタイプの特徴を知ると、それぞれのタイプの可能性よりも制約が強く印象に残るかもしれません。煩悩地図《ぼんのうちず》は、煩悩即菩提《そくぼだい》の精神を表すように、まず、その制約を捉《とら》え、浄化《じょうか》し、可能性に転じてゆく道を示していることもその一因《いちいん》でしょう。

しかし、個々の説明でも触《ふ》れたように、**人は皆《みな》、その内に可能性（真我の光）を抱《いだ》いているということを忘れないでいただきたいのです。**本来、誰《だれ》もが抱いている真我の光が覆われてしまっているために、心のタイプも制約面が現れやすくなっています。でも、そこには、確固《かっこ》たる可能性が秘《ひ》められているのです。

私たちが本来の自分に近づいてゆくとき、制約となっていた受発色の性質そのものが、実は素晴《すば》らしい輝《かがや》きに変わってゆきます。それは、その輝きが、その心のタイプに潜《ひそ》んでいたということにほかなりません。

たとえば、ある若者が、教育者として人生の仕事を果《は》たしたいと願ったとします。その若者が快《かい》・暴流《ぼうりゅう》の傾向《けいこう》を抱いているならどうでしょう。どんなにエネルギッシュでも、そのエネルギーが優位の意識によって、生徒や学生たちを上から目線で支配し、指示・命令を繰《く》り返すために使われれば、鼻持《はなも》ちならない教育者になってしまうかもしれません。

でも、若者の中には、その制約を超えて、夢や願いを抱く素晴らしさを生徒や学生たちにエネルギッシュに語りながら、彼らの中に息《いき》づいている願いをどこまでも引き出し、それを育《はぐく》んでゆくロマンと熱意に満ちた教育者となる可能性があるのです。

苦《く》・暴流《ぼうりゅう》の傾向なら、揺《ゆ》らぐことのない信念に基《もと》づく批判精神によって、社会的な問題に一途《いちず》に取り組み、生徒や学生たちの問題意識や時代意識を高める教育者となってゆく可能性があります。

苦《く》・衰退《すいたい》の傾向なら、人間の弱さに対する深い共感を湛《たた》えながら、学生たちの悩みや試練に寄り添《そ》い、愚直《ぐちょく》にテーマを探究することの大切さを身をもって伝える教育者になる可能性があり、快《かい》・衰退《すいたい》の傾向なら、心を開いて生徒や学生たちを受け入れ、大きな励《はげ》ましと癒《い》やしを与えながら目的に向かって一緒に歩んでゆく教育者となる可能性があります。

重要なことは、それらの可能性と輝きは、もともとこの若者の中にあったということです。

偽我埋没《ぎがまいぼつ》から善我確立《ぜんがかくりつ》へ

煩悩地図《ぼんのうちず》には、覆《おお》われてしまった心の輝《かがや》きを取り戻《もど》してゆく歩み――自らの心を進化・成長させてゆく道のりが示されています。

快《かい》・暴流《ぼうりゅう》、苦《く》・暴流《ぼうりゅう》、苦《く》・衰退《すいたい》、快《かい》・衰退《すいたい》の4つのタイプは、それぞれ可能性と制約、光と闇《やみ》を持ち合わせています。魂に願い（光）とカルマ（闇）があり、3つの「ち」（血・地・知）にも光と闇があるようにです。しかし、それらが、「暗示《あんじ》の帽子《ぼうし》」としてはたらき、私たちが気づかずにその指令《しれい》に従《したが》っているとき、4つのタイプは、可能性よりも制約を現してしまいます。まさに制約に満ちた「偽我」として生きてしまうのです。

その状態を、偽我に埋没している状態ということで**「偽我埋没」**と呼んでいます。

本書がめざすのは、何よりもまず、この「偽我埋没」の段階を脱《だっ》し、「善我」としての歩みを始めること。そして、その歩みの中で、「偽我」を深く知り、「暗示の帽子」を脱《ぬ》いで、「善我」の歩みを確立してゆくことです。すなわち、「善我確立」の段階に至《いた》ることなのです。

第3章

受発色《じゅはつしき》のタイプを診断《しんだん》する

「自己診断《じこしんだん》チャート」は、人間の心のタイプとその特徴を

極《きわ》めて高い精度《せいど》で割り出してくれる。

それは、1995年から探究と実証《じっしょう》を繰《く》り返し、

延《の》べ10万人に及ぶ実施《じっし》データに基《もと》づいて

改良を重ねてきた診断チャートである。

「自己診断《じこしんだん》チャート」に取り組む

前章では、ブラックボックスになっている「心」を解読《かいどく》するための2つの鍵《かぎ》――「快―苦」と「暴流《ぼうりゅう》―衰退《すいたい》」という軸《じく》を示し、その軸の交差《こうさ》から、心＝受発色《じゅはつしき》のタイプを特徴づける4つの象限《しょうげん》（領域《りょういき》）が生まれることを確かめました。

快《かい》・暴流《ぼうりゅう》、苦《く》・暴流《ぼうりゅう》、苦《く》・衰退《すいたい》、快《かい》・衰退《すいたい》――。

この4つが、あらゆる人間に共通する基本的な受発色のタイプです。

本章では、これらのタイプと回路をさらに正確に診断するために、「自己診断チャート」に取り組んでみたいと思います。

これは、1995年から探究と実証《じっしょう》を繰《く》り返し、延《の》べ10万人に及ぶ実施《じっし》データに基《もと》づいて改良を重ねてきた、受発色のタイプと回路を診断するチャートです。

この「自己診断チャート」は、次ページのURL、あるいはQRコードにアクセスすると、無料で診断を受けることができ、あなた自身のタイプがわかりますので、ここでぜひお取り組みください。

https://bk.jsindan.net

ステップ1　設問に答える

では、86〜87ページの**設問・回答欄《らん》**にある36の設問に答えてください。答えは、1から5までの5つの選択肢《せんたくし》で、自分が当てはまると思うものを選びます。

「まったく当てはまらない」は1
「あまり当てはまらない」は2
「どちらとも言えない」は3
「わりと当てはまる」は4
「非常によく当てはまる」は5

設問に答えるときは、第一印象を大切にしてください。

あまり考え過ぎるとわからなくなってしまうことがあります。

まずは、それが「ある」かどうか考えます。「あるかもしれない」と思ったら、「非常によく当てはまる」と「わりと当てはまる」を考えてみます。「ない」と感じたら、「まったく当てはまらない」と「あまり当てはまらない」を考えてみます。

そのいずれでもない場合は、中央の「どちらとも言えない」を考え、数字を選びます。

何となく答えていると答えが中央に寄りがちで特徴がわかりにくくなってしまうことがあります。少しでも「ある」「ない」と感じたら、できるだけ率直《そっちょく》に評価してください。

それでは、1問ずつ取り組んでゆきましょう。

ステップ2　答えを集計する

集計表（88ページ）の設問の番号に対応する横線上にある四角の枠内《わくない》に、**設問・回答欄**の答えの数字（1~5）を記入します。

それが終わったら、AaからDcまでの縦《たて》線上にある、それぞれ3つの四角の数字の合計を下端の四角の枠内に記入してゆきます。

これで集計は終了です。

設問・回答欄

1～36の問いに対して、次の1～5のうち最も当てはまるものを1つ選び、上の□に番号をご記入ください。

1：まったく当てはまらない　2：あまり当てはまらない　3：どちらとも言えない　4：わりと当てはまる　5：非常によく当てはまる

1	2	3	4	5	6	7	8	9	10	11	12	13	14	15
□	□	□	□	□	□	□	□	□	□	□	□	□	□	□

1 他人から「すごいね、大したもんだね」と言われることがある。
2 「自分は何をやってもだめだ。こんな自分は嫌だ」と思っている。
3 「きっとこうに違いない」と思ったら、自分の考えでどんどん進める。
4 失敗が怖くて、新しいことには手をつけない。
5 結果を出すよりも、皆が和気あいあいと話していることが大事。
6 思い通りにならないと、ものに当たったり、けんかになったりすることがある。
7 「自分の考えややり方が一番うまくいく」と思う。
8 他人から「顔が怒っている」と言われることがある。
9 「明るく元気で、リーダー気質である」と言われることがある。
10 周りがアドバイスや助言をしてくれても、「自分にはできる気がしない」と一歩を踏み出せないことが多い。
11 「寄らば大樹の陰」で、確かそうな人と一緒だと安心する。
12 「責任を背負うと、後で大変な目にあう」と思っている。
13 思い立ったら、すぐに行動を起こすタイプである。
14 「やらなければ」と思いつつ、先延ばしにして締め切りギリギリになることがよくある。
15 「自分だけがいつも損な役回りをしている」と思う。

□ 16 「理不尽だ」とよく思う。

□ 17 「自分に関心を持ってくれる人は少ない」と思う。

□ 18 「この人のことは許せない」と思うと、自分からは頑なに関わりを変えようとしない。

□ 19 気持ちが落ち込んだままやる気がせず、「もう無理、だめ」とますます自分を追い込んでしまう。

□ 20 「大丈夫、何とかなる」とよく思う。

□ 21 否定的な気分になり、気持ちが固まる。言葉が少なくなる。

□ 22 他人の意見に対して、「それは違うんじゃないか」と思うと、その間違いをつい正したくなる。

□ 23 問題が起きていても「大したことじゃない」と見過ごし、いつの間にか問題が大きくなることがある。

□ 24 「これだけは許せない」と思うことがある。

□ 25 1つのことをやり遂げると、休みたくなる。「自分を休ませてあげなくては」と思う。

□ 26 自分にとってプラスになることは、どんどんやることができる。

□ 27 「誰も自分のことはわかってくれない」とあきらめている。

□ 28 最後までやり切ることができず、中途半端な結果で終わってしまうことがある。

□ 29 何かをきっかけに怒りの感情が出てくると、自分でも止められなくなることがある。

□ 30 「自分に任せてくれればうまくいくのに」と思うことがある。

□ 31 間違ったことは、たとえ相手との関係が壊れても、正さなければならない。

□ 32 エネルギッシュで、他の人を圧倒してしまうことがある。

□ 33 鋭い指摘をするので、他人から「怖い」と言われることがある。

□ 34 「いい人なんだけどね…」と言われることがある。

□ 35 いつも「あれもしよう」「これもしよう」とアイデアがどんどん浮かんでくる。

□ 36 「誰かが何とかしてくれる」と思っている。

集計表

設問	Aa	Ab	Ac	Ba	Bb	Bc	Ca	Cb	Cc	Da	Db	Dc
1		□										
2								□				
3	□											
4							□					
5												□
6						□						
7	□											
8						□						
9		□										
10							□					
11												□
12							□					
13			□									
14										□		
15									□			
16				□								
17									□			
18				□								
19								□				
20											□	
21								□				
22					□							
23											□	
24				□								
25										□		
26			□									
27									□			
28										□		
29						□						
30	□											
31					□							
32		□										
33					□							
34											□	
35			□									
36												□
	Aa	Ab	Ac	Ba	Bb	Bc	Ca	Cb	Cc	Da	Db	Dc
合計	□	□	□	□	□	□	□	□	□	□	□	□

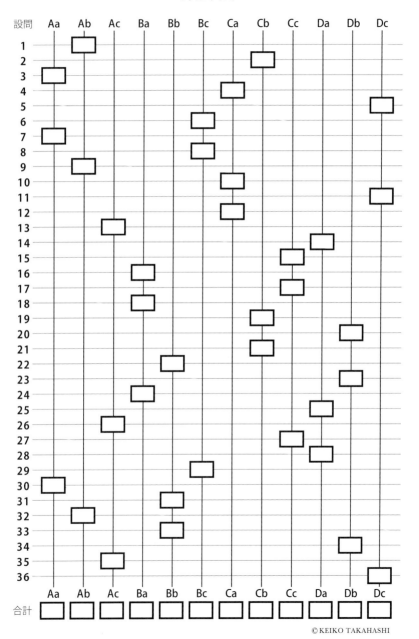

ステップ3　診断チャートを作成する

集計表のＡａからＤｃまでのそれぞれの合計の数を、**自己診断チャート 結果**（90ページ）のＡａからＤｃの縦に並ぶ数字の中から選んで丸をつけます。Ａａの合計数が８の場合は、診断チャート結果のＡａの縦に並ぶ数字の８を丸で囲みます。

丸をつけ終わったら、今度はその丸を順番に、**凡例**《はんれい》（92ページ）のように直線で結んでゆきましょう。これで診断チャートは完成です。

ステップ4　診断チャートを読み解く

さあ、いかがでしょうか。それぞれの合計数をつないでゆくと、１つの折れ線が現れてきます。この折れ線があなたの受発色のタイプ、そのタイプの中で主として使っている回路を教えています。

では、実際に診断チャートを読み解いてみましょう。

折れ線を眺《なが》めてみてください。上に山のように大きく張り出している部分があれば、その受発色が強いことを示しています。もっとも高い山のタイプがあなたの主たる受発色であり、次に高い山がサブのタイプだと考えることができます。

自己診断チャート 結果

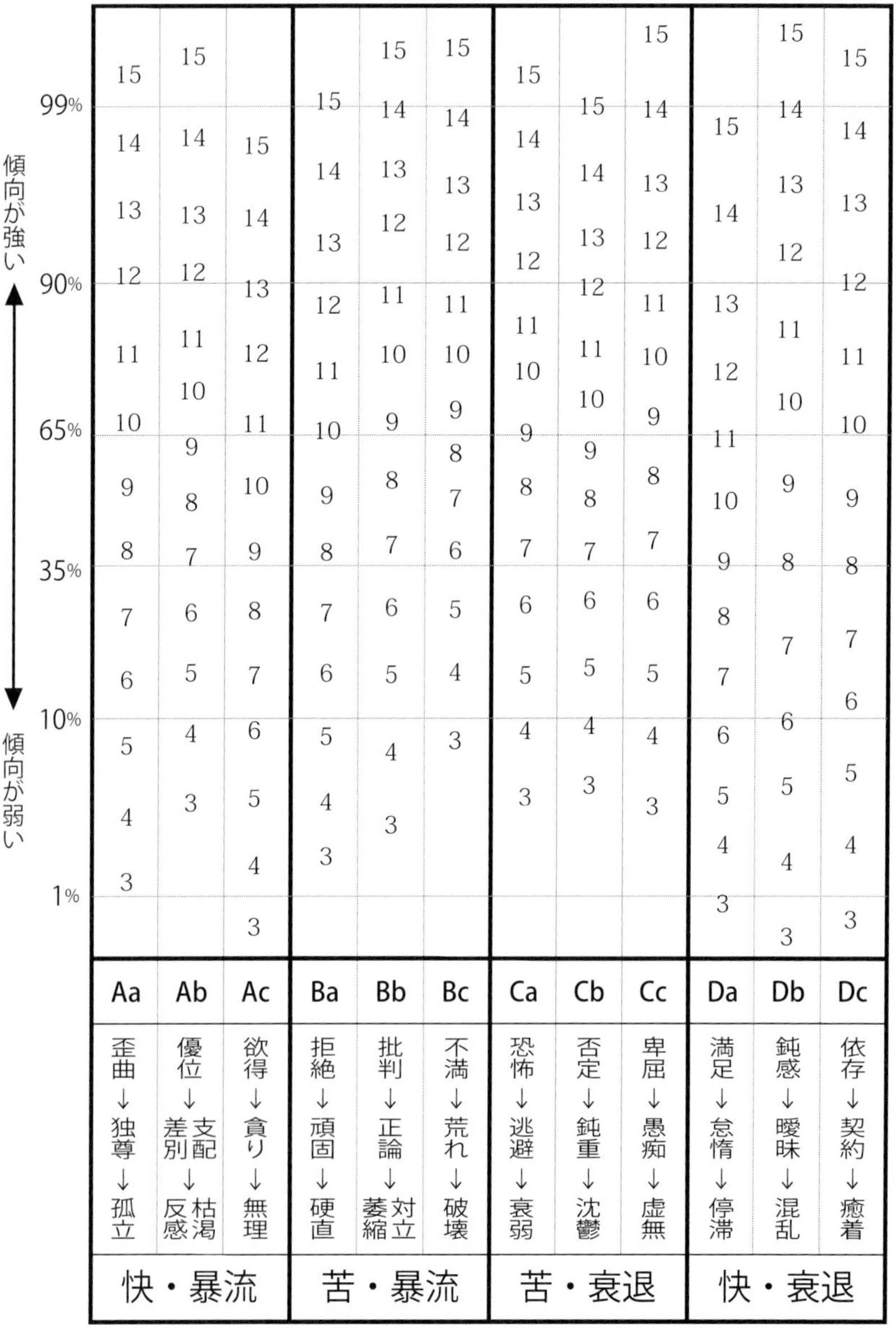
99%
90%
65%
35%
10%
1%
傾向が強い
傾向が弱い
Aa 歪曲→独尊→孤立
Ab 優位→支配 差別→枯渇 反感
Ac 欲得→貪り→無理
Ba 拒絶→頑固→硬直
Bb 批判→正論→対立 萎縮
Bc 不満→荒れ→破壊
Ca 恐怖→逃避→衰弱
Cb 否定→鈍重→沈鬱
Cc 卑屈→愚痴→虚無
Da 満足→怠惰→停滞
Db 鈍感→曖昧→混乱
Dc 依存→契約→癒着
快・暴流
苦・暴流
苦・衰退
快・衰退

それでは、診断チャートの**凡例**（次ページ）を見てください。ここから読み取れるのは、まず、もっとも上方に張り出している苦《く》・暴流《ぼうりゅう》がメインの受発色のタイプであり、次に高い山をつくっている快《かい》・暴流《ぼうりゅう》がサブの受発色のタイプであるということです。

さらに、**この自己診断チャートでは、各タイプが持っている受発色の3つの回路まで診断することができます。**

凡例のメインの受発色を見てみましょう。苦・暴流のBa、Bb、Bcの回路がいずれも強いことが示されています。

この3つの回路の中でも特に強く現れているのは批判《ひはん》→正論《せいろん》→対立／萎縮《いしゅく》の回路です。批判で受けとめ、正論で関わり、対立や萎縮の現実を生み出してしまいます。

そして、それに続くサブの受発色のタイプである快・暴流の中では、優位→支配／差別→枯渇《こかつ》／反感の回路が特に強いことがわかります。

さらには、数値が低めだった衰退のタイプの中では、苦《く》・衰退《すいたい》の卑屈《ひくつ》→愚痴《ぐち》→虚無《きょむ》の回路だけは一定の数値があったことに留意《りゅうい》する必要があるかもしれません。

個々の回路の詳《くわ》しい性質は、第4章以降の各タイプの説明を参照してください。

あなたの診断チャートの結果は、何を示しているでしょうか。

自己診断チャート 凡例

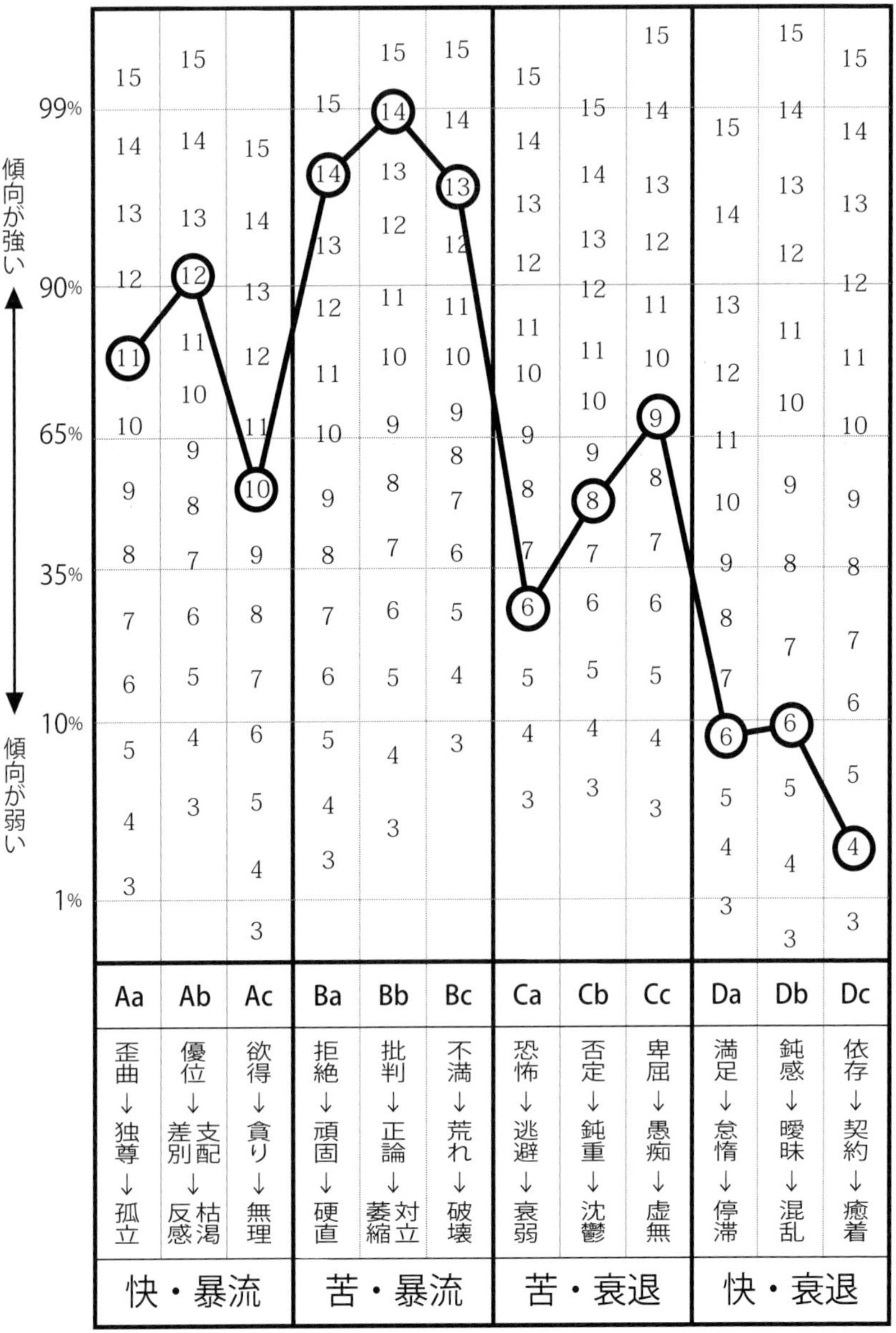

99%
90%
65%
35%
10%
1%
傾向が強い
傾向が弱い
Aa 歪曲↓独尊↓孤立
Ab 優位↓支配 差別↓枯渇 反感
Ac 欲得↓貪り↓無理
Ba 拒絶↓頑固↓硬直
Bb 批判↓正論↓対立 萎縮
Bc 不満↓荒れ↓破壊
Ca 恐怖↓逃避↓衰弱
Cb 否定↓鈍重↓沈鬱
Cc 卑屈↓愚痴↓虚無
Da 満足↓怠惰↓停滞
Db 鈍感↓曖昧↓混乱
Dc 依存↓契約↓癒着
快・暴流
苦・暴流
苦・衰退
快・衰退

上に盛り上がっている受発色のタイプの中で、もっとも上方に張り出したものが、あなたが普段《ふだん》、主として使っている回路と言えるでしょう。

同じ受発色のタイプでも、あまり使わない回路があることもよくあります。

あなたの受発色のタイプと、特に使っている回路を診断チャートから読み解き、あなたの現実とすり合わせていただきたいと思います。

受発色《じゅはっしき》のタイプのホームベースと出張先

4つの受発色のタイプ（煩悩《ぼんのう》）は、受信と発信——感じ・受けとめ・考え・行為する（感覚・感情・思考・意志）という心の動き全体に関わるものです。

ですから、怒りなどの喜怒哀楽《きどあいらく》の感情とは次元の異《こと》なるものであり、心に怒りが生じたからと言って、それだけで煩悩とは言えません。

ただ、「魂の学《がく》」を実践《じっせん》する人々の間では、たとえば、強い怒りが現れたとき、「苦《く》・暴流《ぼうりゅう》が出た」という表現を使います。それは、心に生じた怒りが、大声で怒鳴《どな》ったり、罵倒《ばとう》したりするなど、意志を持った行為として現れたことで、感覚・感情・思考・意志全体を総動員して怒りの行動を起こしていると受けとめるからです。

「魂の学」が捉《とら》える煩悩は、一時的な心の動き方のことではなく、受発色の傾向《けいこう》、その受発色が繰《く》り返されるということを示していますが、一時的な心の動きも、煩悩によって、引き起こされるものでもあるのです。

誰《だれ》もが、煩悩＝受発色のタイプのいずれかを主たるタイプとして持っています。診断チャートによって、そのタイプを見定めたら、さらにそのタイプの変化についても考えてみましょう。

主たるタイプ——ホームベースとなる受発色のタイプが、特定の状況によって変化します。あたかも、ホームベースから出張するかのように、異なるタイプとして振《ふ》る舞《ま》うのです。

たとえば、普段《ふだん》は快《かい》・暴流《ぼうりゅう》で振《ふ》る舞《ま》っている人が、思い通りにものごとが進まないと苦・暴流になって他を責《せ》め、さらにうまくいかないと苦《く》・衰退《すいたい》になって落ち込んでしまう。

普段は苦・衰退で自信がなく、周囲に従《したが》っている人が、何か確証《かくしょう》を得ると人が変わったように快・暴流に転じ、断定的な評価を下したり、正誤《せいご》を決めつけたりする。周りが驚くほど強引《ごういん》な行動に出てしまう。

また、普段は苦・衰退でも、度を超えた強い圧迫《あっぱく》を感じると、窮鼠猫《きゅうそねこ》を噛《か》むと言われるように逆ギレし、苦・暴流になって相手を攻撃《こうげき》することもあります。

さらに、「自分には苦・暴流がよく現れる」と思っていた人が、実は、もともと快《かい》・衰退《すいたい》タイプで、問題を先延《の》ばしにして事態を悪化させ、どうにもならない状況にしておきながら、いざそれが表面化すると不機嫌《ふきげん》になり、苦・暴流が現れ、他を責めてしまうケースもあります。快・衰退から苦・暴流への遷移《せんい》が起こっているのです。

他に対して怒りや憤《いきどお》りを発散《はっさん》する苦・暴流は意識化しやすく、自覚しやすいのですが、その前に「まあいいか」「明日やれば何とかなるだろう」という快・衰退で問題の原因をつくっている自分には、なかなか気づけません。

ホームベースのタイプを見定めたら、それが状況によってどう変化するか、遷移の状態を見つめてみましょう。**どういう状況で、どのタイプに移り変わっているのかを摑《つか》むことができれば、それは、あなたが自分をより深く知る一歩となるのです。**

第4章

苦《く》・衰退《すいたい》タイプ
――あきらめに縛《しば》られた卑下者《ひげしゃ》からひたむきな求道者《ぐどうしゃ》へ

「でも」「だって」「どうせ」……。

これら否定的気分の３兄弟に

心のエネルギーを蝕《むしば》まれている苦《く》・衰退《すいたい》タイプ。

しかし、その奥には——誠実《せいじつ》・回帰《かいき》・まじめさ・

ひたむき・無垢《むく》・赤心《せきしん》・献身《けんしん》・陰徳《いんとく》・愚直《ぐちょく》・

共感・慈悲《じひ》・托身《たくしん》といった光が輝《かがや》いている。

「でも」「だって」「どうせ」

まず、目の前の課題を、ある人と一緒《いっしょ》に解決しなければならない場面を思い浮かべてください。

会社員の方ならば、仕事のトラブルに対処《たいしょ》する同僚《どうりょう》。

主婦の方ならば、お子さんの進路の悩みを一緒に考えるご主人でしょうか。

その問題解決のパートナーに対して、「こうしたらどうだろう」「ああしたらどうだろう」と提案しても、「でも、むずかしい」「でも、それには無理があるよ」という返事ばかりで、話が進まない。

いくら話をしても、「でも」「でも」「でも」……という返事ばかり……。

せっかく一緒に前向きに考えようとしているのに、腰を折られ、気持ちが萎《な》えてしまい、もう何も言いたくなくなってしまうでしょう。

また、世の中には、「だって」が口《くち》グセになっている人がいます。

「だって、時間がないから」「だって、誰《だれ》も手伝ってくれないから」「だって、もともと期待されてもいなかったから」……できないことの言い訳《わけ》ばかりです。できなくても、失敗しても、進まなくてもしようがない。「だって、……なんだから」。

最初から前に進むことを望《のぞ》んでいないかのようです。

そして、「だって」以上に、否定的で虚無的《きょむてき》なのが「どうせ」のつぶやきです。

「どうせ」の後に続く言葉を考えてみてください。

「どうせ、私はダメ」「どうせ、私には無理」「どうせ、うまくいかない」「どうせ、何をやっても変わらない」……。できないこと、うまくいかないことに落ち込んだり、苦しんだりすることを通り越し、開き直ってしまっています。それればかりか、「そうさせるあなたが悪い、世界が悪い」と逆に責《せ》め、恨《うら》みをぶつけているかのようです。

否定的気分の3兄弟

「でも」「だって」「どうせ」――。これらは、私が否定的気分の3兄弟と呼んでいる、心のエネルギーを蝕《むしば》む3つのつぶやきです。

考えてみてください。この3つのつぶやきを持っている人と一緒《いっしょ》にいると、気分が重く元気がなくなり、投げやりな気持ちになるのではないでしょうか。

そうです。この否定的気分の3兄弟は、まるでブラックホールのように、心のエネルギーを吸い取り、自分も周りの人たちも、暗く、重く、沈《しず》んだ気分にさせてしまうのです。

ここで大切なことは、あなた自身もこのつぶやきに支配されてはいないだろうかということです。この3兄弟に心を支配された人が周囲にいれば、誰《だれ》もが違和感《いわかん》を覚えるでしょう。しかし、第1章でも述べたように、他人のことはよく見えても、自分自身のことにはなかなか気づくことができません。

だからこそ、**自分もまた、知らず知らずのうちに、この否定的気分の3兄弟に呑《の》み込まれていないだろうか――。それを点検していただきたいのです。**

苦《く》・衰退《すいたい》の心の性質

本章で取り上げるのは、煩悩地図《ぼんのうちず》の4つのタイプの中の「苦・衰退」です。

苦・衰退とは、ものごとを否定的・悲観的に受けとめ、消極的・退行的《たいこうてき》に行動する傾向《けいこう》です。退行的とは、前に向かうのではなく、後ろに退《しりぞ》く、後ずさりするという意味です。現状を否定的に受けとめ、その気分を自分や自分が関わる現実に投影《とうえい》し、エネルギーが衰退してゆくのです。

たとえば、ビクビクして後ろ向きの考え方や行動を示したり、とにかく否定的でどんよりとして重かったり、投げやりで斜《しゃ》に構え、文句《もんく》ばかり言っていることもあります。

このような苦・衰退の心には、間違いなく、否定的気分の3兄弟が腰を下ろしています。「でも」が、もともと抱《いだ》いていたはずの前向きな気持ちを打ち消し、「だって」の言い訳《わけ》が否定的な態度を蔓延《まんえん》させ、さらに「どうせ」が卑屈《ひくつ》な気持ちの上塗《うわぬ》りをしてしまうのです。

改めて、苦・衰退の心の傾向をまとめてみましょう。

苦・衰退の人は、生真面目《きまじめ》で謙虚《けんきょ》な雰囲気《ふんいき》を持ち、引っ込み思案《じあん》で、出しゃばるところがありません。誰《だれ》も見ていなくても、変わることなく、ものごとに誠実《せいじつ》に取り組み、地道に守り続けてゆくことができます。それは、苦・衰退の大いなる可能性であり、言い換《か》えるなら、1つのことに心を傾《かたむ》け続ける「ひたむきな求道者《ぐどうしゃ》」としての側面がそこには秘《ひ》められていると言うことができるでしょう。

しかし、一方で、他人と比較して「自分はダメだ」と落ち込んだり、困難な事態を前に「もうダメだ」とあきらめてしまったりします。ものごとを否定的、悲観的に受けとめ、「どうしよう」と不安におののき、消極的な行動に終始してしまいます。「でも」「だって」「どうせ」というつぶやきに呑《の》まれ、重苦しい気配《けはい》をいつも周囲にまき散らしてしまいます。

そればかりか、失敗や挫折《ざせつ》、失望、喪失《そうしつ》といった、出口なしの状況に追い込まれていること自体に、なぜか「やっぱりこうなった」と奇妙《きみょう》な安定すら感じてしまうこともあるのです。これは苦・衰退が抱《かか》える制約を象徴する、「あきらめに縛《しば》られた卑下者《ひげしゃ》」の姿です。

苦《く》・暴流《ぼうりゅう》や快《かい》・衰退《すいたい》との違い

同じ否定的な苦系の傾向《けいこう》でも、苦・暴流が外に向かって攻撃的《こうげきてき》にエネルギーを発散するのに対して、苦《く》・衰退《すいたい》はあくまで自分にエネルギーが向かいます。

理不尽《りふじん》なことがあると、すぐに他人を責《せ》めるのが苦・暴流なら、自分を責め、「もうどうしようもない」とあきらめ、「どうせうまくいくはずがない」とひがんでしまうのが苦・衰退です。

また、同じ衰退系でも、快・衰退は、問題が起こり、事態がむずかしくなっても、「まあ何とかなる」「まだ大丈夫《だいじょうぶ》」と、のんきで悠長《ゆうちょう》に構えていられるのですが、苦・衰退の人はとてもそうは思えません。

問題の影が見えただけで、圧迫《あっぱく》されてしまい、「もう終わり」「きっと失敗する」「もっと悪くなってゆく」と、不安と心配を妄想《もうそう》のように膨《ふく》らませ、自分の未来に否定の呪《のろ》いをかけてしまうのです。

苦・衰退の傾向を強く持つ人にとっては、世界はいつも自分に負担《ふたん》をもたらす重荷《おもに》であり、不吉な気配《けはい》を漂《ただよ》わせるものです。

ものごとが順調に進んでいても、順調ということになじむことができず、そこはかとない重圧をぬぐい去れないのです。「今に何か問題が起こるのではないか」「きっとうまくいかないに違いない」と感じて、憂鬱《ゆううつ》な時を過《す》ごすことになります。

逆に、事態が実際に行き詰《づ》まり、願っていたことが挫折《ざせつ》したとき、「結局うまくいかない」「やっぱりダメだ」と奇妙《きみょう》な落ち着きを感じることもあります。

極言《きょくげん》するなら、この世界で生きること自体に、最初から多大な負担を覚え、居心地《いごこち》の悪さを抱《かか》えているのが苦・衰退の心なのです。

苦《く》・衰退《すいたい》の3つの回路

苦・衰退の煩悩地図《ぼんのうちず》（図10）には、このタイプが抱《いだ》く「偽我《ぎが》」の受発色《じゅはつしき》の回路、それ

苦・衰退の煩悩地図

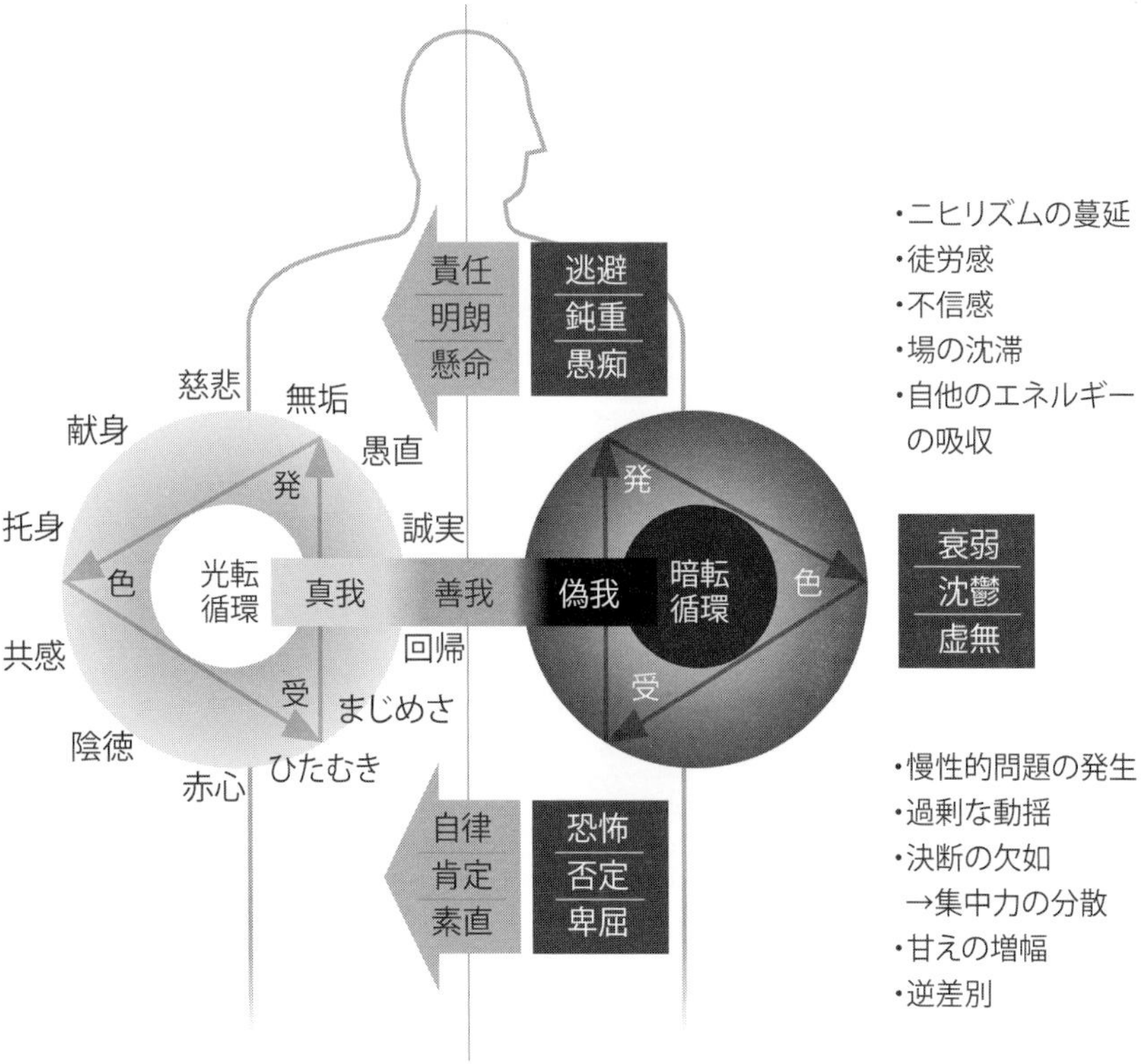

図 10

を脱《だっ》してゆく「善我《ぜんが》」の受信・発信の歩み、そしてその歩みの先に現れる「真我《しんが》」の光が示されています。

苦・衰退に特徴的《とくちょうてき》な偽我の回路は、次の3つです。

恐怖→逃避《とうひ》→衰弱《すいじゃく》
否定→鈍重《どんじゅう》→沈鬱《ちんうつ》
卑屈《ひくつ》→愚痴《ぐち》→虚無《きょむ》

では実際に、苦・衰退の人が偽我埋没《まいぼつ》から善我確立に向かう歩みを見てゆきたいと思います。モデルとして登場していただくのは、首都圏《けん》在住の松山貴美子《きみこ》さんです。

松山さんは、若い頃《ころ》、女優としてテレビドラマ『おらんだ左近事件帖《さこんじけんちょう》』『赤ひげ』や舞台《ぶたい》『たぬき』などで活躍《かつやく》した後、結婚して家庭に入り、俳優《はいゆう》のご主人、松山政路《せいじ》さんを支《ささ》えながら、主婦として2人の娘さんを育ててこられました。清楚《せいそ》で涼《すず》やかな日本的美人で、誰《だれ》からも好かれるお人柄《ひとがら》の松山さんです。

最初に、松山さんが、かつてのご自分を思い出しながら取り組まれた自己診断チャートの結果を見てみましょう。

苦・衰退の中でも、特に否定→鈍重→沈鬱と、恐怖→逃避→衰弱という2つの回路が

松山貴美子さんの自己診断チャート

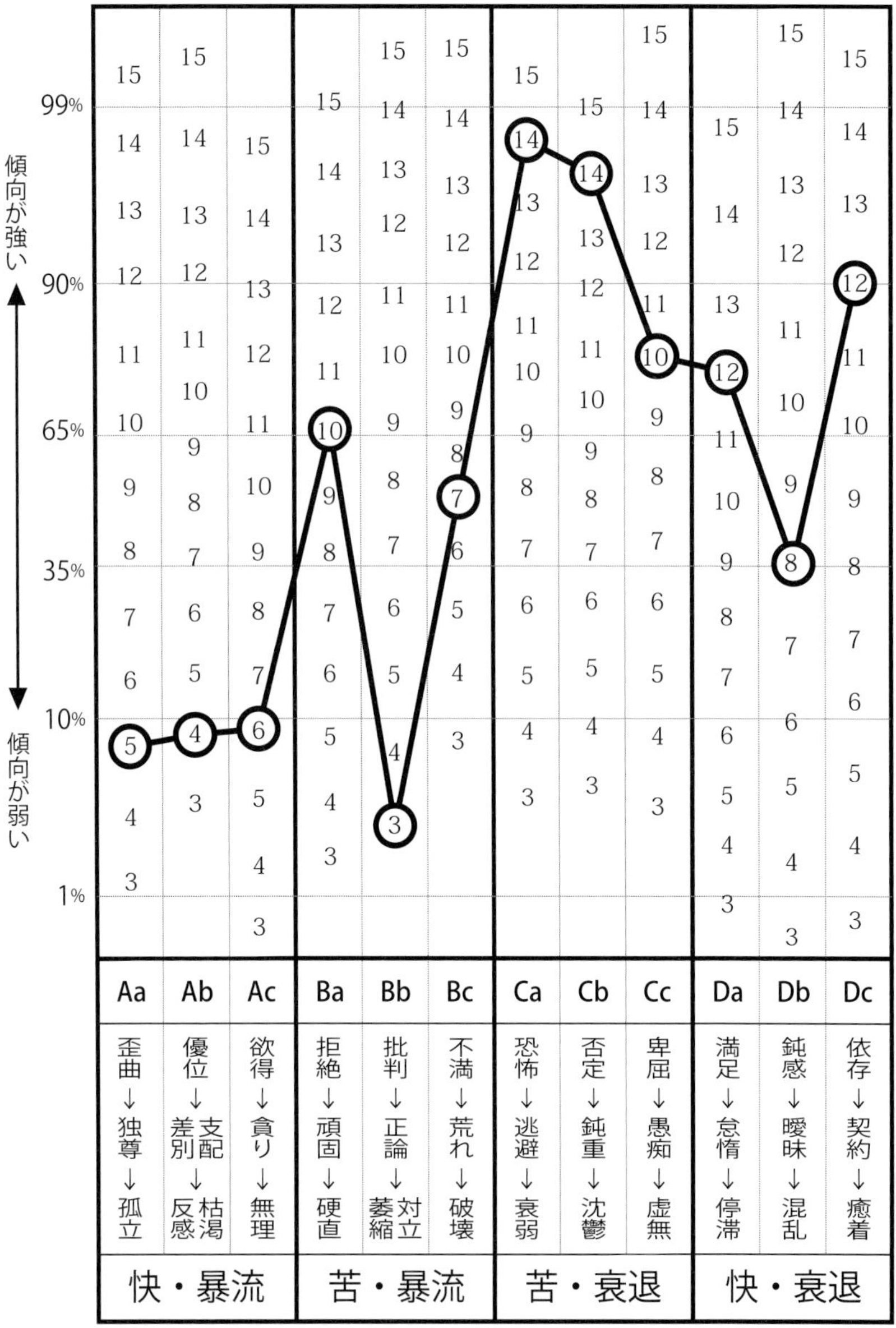

際立《きわだ》って強く現れていることがわかります。

否定で受けとめ、鈍重で関わり、沈鬱の現実を現す。また、恐怖で受けとめ、逃避で関わり、衰弱の現実を現すという回路です。

松山さんの人生を振り返ると、この2つの回路が、人生をどのように翻弄《ほんろう》してきたのかを、はっきりと見てとることができます。

本章では、苦・衰退の3つの回路のうち、特にこの2つの回路に焦点《しょうてん》を当ててゆきます（卑屈→愚痴→虚無の回路については、138ページ参照）。

人生の始まり

松山貴美子《きみこ》さんの人生の始まり――。

それは、決して本人が望んでいたものではありませんでした。

松山さんは、生まれてまもなく、実質的に母親1人に育てられることになります。母親はお妾《めかけ》さんの身で、松山さんが8歳の頃《ころ》には、父親はもう家に顔を出さなくなっていたのです。

あるとき、松山さんが病気になり、入院費を工面《くめん》してもらうために、母親と一緒《いっしょ》に父親の工場まで会いに行ったことがありました。しかし、長い時間、裏で待たされたあげく、事情を話しても無視され、叱《しか》られ、追い返されてしまいました。

松山さんは、幼いなりに「見捨てられた」と感じました。

そしてその後は、父親は死んだことにして、人生を生きてゆきます。周囲の人たちから父親のことを聞かれると、「幼い頃に亡くなりました」と言っていたのです。

友だちはみな両親がいて、幸せそうに毎日を過《す》ごしている。しかし、自分には父親はいない。友だちからどう見られているのだろう。お妾さんの子だとわかったらどうしよう。何て言われているんだろう……。幼い松山さんにとって、父親がいないという生《お》い立ちは、大変な負《お》い目になっていったのです。

こうした中で、松山さんの心は、「暗示《あんじ》の帽子《ぼうし》」ですっぽり覆《おお》われてしまいます。

その帽子をかぶって見える世界は、輝《かがや》きを失い、辺《あた》り一面が灰色《はいいろ》でした。

最初から人生に大きなハンディを背負い、これから先も生きてゆかなければならないと思うと、何とも言えない重苦しい気持ちを抱《かか》えました。

松山さんは、学校に行くことさえ苦痛になり、しばしばずる休みをします。でも、学校を休んでも、母親は働きに出ていたため、家では独《ひと》りぼっち。誰《だれ》もいない家で、飼《か》っていた猫を抱《だ》きしめている——。そんな毎日を過ごしていたのです。

それが、松山さんが人生の中でつくった「最初の自分」(Initial《イニシャル》 Self《セルフ》)でした。

「暗示《あんじ》の帽子《ぼうし》」が見せる世界

やがて松山さんは、高校の卒業を待たずに大先輩の女優の付き人となり、女優として修業を始めます。そして、数年後にデビュー——。

その始まりは、大変恵《めぐ》まれたものと言えるものです。最初から、お正月作品をはじめ、大きなテレビ作品の中で、主役につぐ重要な役割を与えられ、まさに抜擢《ばってき》と言ってよい待遇《たいぐう》でした。普通に考えれば、女優として順風満帆《じゅんぷうまんぱん》、トントン拍子《びょうし》のスタートを飾《かざ》ることになったのです。

ところが、「暗示の帽子」をかぶった松山さんは、それらの出来事を、あるがままに捉《とら》えることができませんでした。

「マネージャーもプロダクションも、他の女優さんたちのことを盛んに売り込みに行っている。私は、あの人たちよりも売り込みに行ってもらえない。プロデューサーも、私のことをきっとダメだと思っている」

まだ女優として歩み始めたばかりなのに、「私は主役までは期待されていない。名が売れるようにはならない」。今、考えてみれば、おかしなことは明らかなのに、当時の松山さんは、真剣にそう思い込んでいたのです。

10年ほど前、松山さんは、20代で出演した『たぬき』という劇作品のプロデューサーとお会いしたことがありました。当時の松山さんは、その作品の前の女優さんと自分を比較して、卑屈《ひくつ》な気持ちになっていたのです。「皆《みな》が、前の人の方がよかったと思っている」。そうとしか思えませんでした。

再会したそのプロデューサーに、松山さんは「あれ、ダメだったでしょう？」と尋《たず》ねると、プロデューサーは「えっ!?」と意外な顔をして、「松山さんにしかできないものがあって、すごくよかったよ。みんなそう評価していた。だから、なんで女優を辞《や》めてしまったのかわからないと皆が口を揃《そろ》えて言っていたんだ。とても残念がっていたよ」

その話を聞いて、松山さんは飛び上がるほど驚《おどろ》きました。

なぜなら、それは、自分が思っていたストーリーとは真逆《まぎゃく》だったからです。

「暗示の帽子」がいかに恐《おそ》ろしいものかということでしょう。

「否定《ひてい》→鈍重《どんじゅう》→沈鬱《ちんうつ》」の回路

その「暗示《あんじ》の帽子《ぼうし》」によってつくられた心の回路が、否定→鈍重→沈鬱です。

否定の受信とは、自分自身と自分に関わる現実を否定的に受けとめることです。問題や試練を、すぐに「できない」「無理だ」「もうダメ」「不可能」というように否定的に受けとめてしまうのです。

否定的な気分や想いになってしまうと、なかなかそれを覆《くつがえ》すことはできません。「もう無理だ」と思っている気持ちからは、必然的に手も足も出ず、積極的な言動は生まれてこないでしょう。その結果、どうにもならない重く鈍《にぶ》い言動――鈍重の発信となるのです。

「自分にはこれ以上できない」「下手《へた》に手を出して失敗するくらいなら、何もしない方がまし」「これ以上、面倒《めんどう》に巻き込まれるのはご免《めん》こうむりたい」……

その結果、鬱々《うつうつ》とした重苦しい気配《けはい》の沈鬱の現実が生まれることになります。この受《じゅ》発色《はっしき》が繰《く》り返されるほど、さらに空気は重くなり、事態は深刻《しんこく》になってゆくのです。

様々な人間関係の中で、また仕事の現場で、面倒なことを要請《ようせい》されたとき、「厳《きび》しい」「むずかしい」と返答することはめずらしいことではないでしょう。

しかし「むずかしい」と言った途端《とたん》、私たちは、できる可能性を探《さが》すよりも、できない理由を考えることにエネルギーを使い始めます。そうなると、そのことにあえて取り組もうとは思えないのです。動きは目に見えて「重く」「鈍く」なるでしょう。そして、本当に事態は重く沈《しず》み、動かしがたくなるのです。それが否定→鈍重→沈鬱の受発色なのです。

病気のデパート

かつての松山さんは、まさに病気のデパートと言ってもよいほど、身体的不調に悩まされていました。若い頃《ころ》、松山さんは難病手帳を取得《しゅとく》しています。

何かが起こるたびに、調子が悪くなるのではないか。もっと大変なことになるのではないか……。そんな恐怖心に苛《さいな》まれていたのです。

そして、それに拍車《はくしゃ》をかけたのが、1人の巫女《みこ》との出会いでした。

その人は、竜神《りゅうじん》をまつって、お告《つ》げを聞くことができると言われていました。

あるとき、その巫女の息子のお嫁さんが、心臓まひで亡くなってしまったのです。松山さんは「あなたも危ないから、家を出るな」と告げられます。さらには、「子どもたちも危ないから、プールには行かせないように」と言われます。

松山さんは、次第《しだい》に巫女の指示に呪縛《じゅばく》されてゆきます。

この巫女は、松山さんの恐怖心を煽《あお》る強力な「暗示《あんじ》の帽子《ぼうし》」をかぶらせたということです。

ある日のこと。すごく身体《からだ》がだるい。とにかく疲《つか》れる。やがて身体に力が入らなくなり、病院に行くと、重症筋無力症《じゅうしょうきんむりょくしょう》と診断されてしまいます。

さらに翌年、潰瘍性大腸炎《かいようせいだいちょうえん》も患《わずら》うことになります。

心と身体の結びつきは、医学においても心身相関《しんしんそうかん》と呼ばれる相互《そうご》作用として知られています。一般の人々も、緊張すると動悸《どうき》がしたり、汗《あせ》が出たりすることやストレスによって胃潰瘍《いかいよう》が生じるといったことを知っています。しかし、現実はそれ以上の影響をもたらしているものなのです。

自らの「暗示の帽子」にがんじがらめになり、息《いき》もできないほど追い詰《つ》められて衰弱《すいじゃく》した松山さんの心の状態が、こうした病《やまい》の誘発《ゆうはつ》に少なからぬ影響を与えていたことは間違いないことだと思います。

重症筋無力症も、潰瘍性大腸炎も、いずれも難病に指定されている病です。

重症筋無力症は、筋肉に神経からの信号が伝わらなくなる自己免疫疾患《じこめんえきしっかん》で、手足を使うとすぐに疲れて力が入らなくなってしまう症状が現れます。それが呼吸筋に及《およ》ぶと呼吸不全を起こし、生命を脅《おびや》かすものです。

潰瘍性大腸炎は、大腸粘膜《ねんまく》に潰瘍やびらんが多発する炎症性《えんしょうせい》の慢性疾患《まんせいしっかん》で、いまだ原因が解明《かいめい》されていません。激しい腹痛や下痢《げり》、下血《げけつ》を伴《ともな》い、重症化すると大腸摘出《てきしゅつ》手術が必要となり、中には死亡するケースもあります。

これら2つの難病を抱《かか》えることになって、松山さんの心はますます力を失い、衰弱していったのです。

「恐怖《きょうふ》→逃避《とうひ》→衰弱《すいじゃく》」の回路

ここに生まれたのが、恐怖→逃避→衰弱の回路です。

恐怖の受信は、「こうなったらどうしよう、ああなったらどうしよう」と、いつもマイナスの事態を想像し、不安や恐怖に襲《おそ》われます。

問題は、この受信が、事態そのものを恐れるというより、悪い方へと悪化してゆくことを恐れるために、現実をきちんと受けとめることができなくなる点です。

私たちは、怖《こわ》いと思うと、逆に怖いものを世界に見つけてしまうところがあります。蛇《へび》が嫌《きら》いと思っていると、蛇がいないか、わざわざ探してしまうのです。まさに、「蛇嫌いの蛇探し」になってしまうということです。

そして、試練や問題に背を向け、心を閉《と》じ、身を遠ざけようとするのが、逃避の言動です。

できるだけ問題に関わらず、リスクには近づかない。失敗を恐れ、「する」ことよりも「しない」ことを選びます。「前に進む」ことより「後ろに下がる」。「挑戦《ちょうせん》する」ことより「挑戦しない」。「担《にな》う」よりも「担わない」。

ときには、文字通り現場から逃避して姿が見えなくなったり、連絡が取れなくなったりすることもあります。

自分から率先《そっせん》して何かを始めることはなく、責任を引き受けることもない。能力があっても、それを行使《こうし》せず、自分の殻《から》に閉じこもってしまう。

行動は消極的になり、可能性は縮小《しゅくしょう》し、事態は不活性化《ふかっせいか》して、どうにもならない衰弱の事態が生まれてしまうのです。

松山さんは、当時を振り返ってこう言われています。

「実際、あの頃《ころ》は、和室にいつも布団《ふとん》を敷《し》いていて、そこで寝たり起きたりの生活。家事をしては、すぐに横になって休む。それで精いっぱいでした。体力がない、身体《からだ》がつらいという以上に、気持ちがもうダメでした。少しも持ち上げることができなかったんです」

それが、かつての松山さんの姿――「最初の自分」(Initial Self《イニシャル セルフ》)であり、多くの不自由を抱《かか》えた「偽我《ぎが》」の段階だったのです。

善我《ぜんが》確立への道

では、松山さんは、どのようにして偽我《ぎが》を知り、「暗示《あんじ》の帽子《ぼうし》」を脱《ぬ》いで、善我(次の自分[Next Self《ネクスト セルフ》])の歩みを進めていったのでしょうか。

大きな転機となったのは1996年――。この年、松山さんは、新しい人生への分岐《ぶんき》点《てん》となる出来事を経験することになります。

その頃《ころ》、少し前から体調が悪く、病院を受診《じゅしん》したところ、最初は99パーセント大丈夫《だいじょうぶ》と言われたのですが、「ちょっと引っかかるところがあるから、念のため細胞診《さいぼうしん》をしておきましょう」ということになり、軽い気持ちで検査を受けました。

しかし、その2日後、「がんが見つかった」と告《つ》げられたのです。

連絡を受けた松山さんは、激《はげ》しく動揺《どうよう》しました。

恐怖→逃避《とうひ》→衰弱《すいじゃく》の回路が回り始めたのです。

実は、松山さんは、ご主人のお兄様をがんで亡《な》くされています。

それ以来、いつか自分もがんになる。自分はがんで死ぬ。怖《こわ》い、怖い――。ずっとそういう気持ちを抱《かか》えていました。ですから、このとき、「やっぱりそうなった」。そんな気持ちで、落ち込んでしまったのです。

手術の日程が取れたのが1カ月半後。それまでの間、細胞診をした穴からがんが飛び出してくるんじゃないか。そんな気持ちに苛《さいな》まれ、身動きが取れなくなっていました。

祈り――不安と恐怖を抱《いだ》くとき

松山さんは、この出来事の少し前に私と出会い、「魂の学《がく》」を学ぶようになりました。身も心もボロボロになっていた松山さんを心から心配してくれた友人が「だまされたと思って、一度講演会に聞きにおいで」と誘《さそ》ってくれたことがきっかけでした。

2人の娘さんを連《つ》れて、松山さんは、講演を食い入るように聴《き》きました。

「求めていたのはこれだった――」

講演の後、わずかな時間でしたが、直接お会いしたことをはっきりと覚えています。初めて松山さんと向かい合ったとき、私の中に、松山さんがそれまでの人生で経験した想いと光景が奔流《ほんりゅう》のように流れ込んできました。

何と大変な人生の道のりを歩まれてきたことか……。そして松山さんの魂が、他人の思念《しねん》の鎖《くさり》でがんじがらめになっていたことがわかりました。すべてを受けとめて、頷《うなず》きながら彼女の手を取ったとき、松山さんもそれを感じて、涙を流されました。

「信じてはいけないものを信じてしまいましたね。その自分を解き放って、本当の自分自身を取り戻《もど》しましょう。そうすれば、今はつらいお身体も生命力が戻って元気になりますよ……」

それから、松山さんの新たな人生が始まったのです。

松山さんは、「最初の自分」にとどまらず、「次の自分」(Next《ネクスト》 Self《セルフ》)をつくろうと、善我《ぜんが》の歩みを始めたということです。

松山さんにとって大きかったのは、拙著《せっちょ》『新・祈りのみち』(三宝出版)の「不安と恐怖を抱くとき」を何度も読んだことでした。

『新・祈りのみち』は、「暗示《あんじ》の帽子《ぼうし》」を脱《ぬ》いだとき、そこにどのような世界が広がっているのかを教えてくれます。

松山さんが繰《く》り返し読んだその一節――

『不安』は頭の中にあり『不安』という現実はない。

あるのは生きる現場。……

ただ心を尽くして生きるだけ。

今日のいのちは今日のもの」

「今日のいのちは今日のもの」という言葉に出会った松山さんは、「ああ、私には今日がなくて、昨日と明日しかなかったんだ」「以前こうだったから、今度もきっとこうなってしまうという感覚でしか、事態を受けとめられなかった」ということに気づきます。

そして、「不安という現実はない」という言葉にもはっとしました。

「自分はあれこれ妄想《もうそう》しているだけで、現実をあるがままに見ることができなかったんだ」とわかって、とても心が落ち着いたのです。

『新・祈りのみち』に向き合うことによって、心が本当に落ち着く経験をした松山さんは、その後、心が動揺《どうよう》するときは、「不安と恐怖を抱くとき」の祈りの言葉を書写《しょしゃ》されているとのことです。

自律《じりつ》と責任

苦《く》・衰退《すいたい》の偽我《ぎが》は、恐怖で受信し、逃避《とうひ》で発信する（逃避的な行動をとる）クセを持っています。そこから善我《ぜんが》を育《はぐく》むとは、恐怖を自律の受信に、逃避を責任の発信に転換するということです（図11）。

恐怖から自律への転換は、いたずらに不安を拡大《かくだい》していた心をとどめ、「いったい何を恐《おそ》れているのか」と自らに問いかけて、目を開いて事態を受けとめることによって果《は》たされます。ときには、その恐れや不安を紙に書き出すなどして、私たちの心の重心を妄想《もうそう》から現実の次元に移《うつ》すことが大事です。

逃避から責任への転換は、逃げ腰で後ろ向きの姿勢を、事態を自分に引き受ける責任ある姿勢に変えることを意味します。重要なことは、持てるエネルギーを「今、向かうべきこと」に集中させることなのです。

苦・衰退の善我 の受信・発信

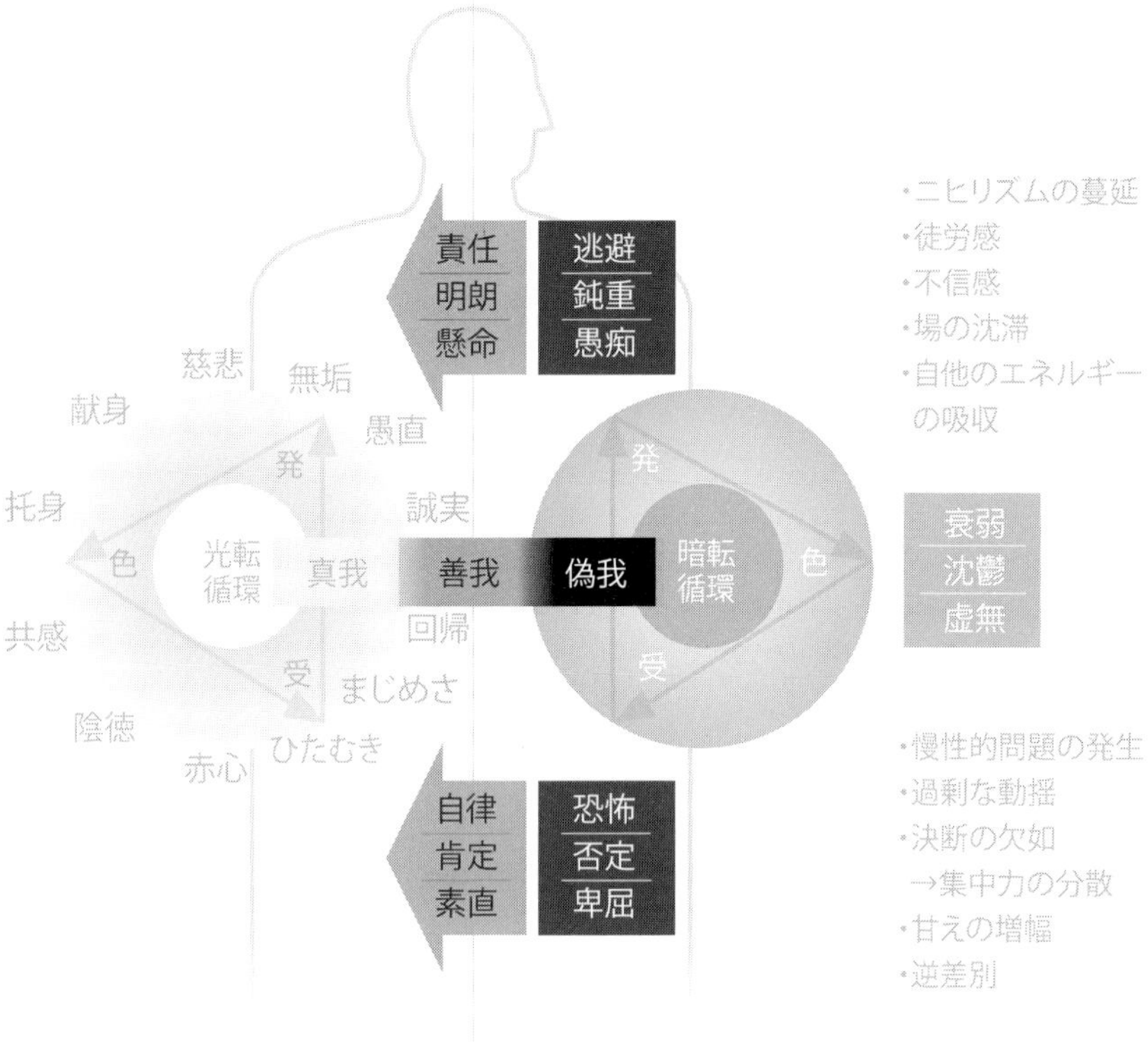

図 11

松山さんは、このとき、まさに自律と責任を育て、その心をもって、病という現実に立ち向かう体験をしたのです。

そして、手術の前日――。外は大変な雷《かみなり》と嵐《あらし》になりました。松山さんにとって、雷と嵐は竜神《りゅうじん》の象徴《しょうちょう》です。一瞬《いっしゅん》、以前の巫女《みこ》のことが思い出されました。「ああ、やっぱり来た」。そんな気持ちが心の中に生まれたのです。

しかし、このときの松山さんは、**『新・祈りのみち』を手に、「事実をしっかりと見よう。あなたは本当に竜を見たのですか」――そう自分に問いかけ、自律の心を引き出しました。**

すると、不思議《ふしぎ》なほどに心は落ち着き、しっかりと休むことができました。

手術の当日、**松山さんの中には、この事態をしっかり引き受けようという責任の心が生まれていました。**

手術で見た夢

手術中、松山さんはずっと夢を見ていました。

温かい縁側《えんがわ》で日向《ひなた》ぼっこをしている自分。お茶を飲みながら、手術を担当してくださった主治医《しゅじい》の先生と助手の方がニコニコ笑っています。松山さんは、「いい日和《ひより》ですね」と言って、一生懸命《いっしょうけんめい》お茶を勧《すす》めているのです。

そのとき、主治医の先生の「松山さん、松山さん」と呼ぶ声で麻酔《ますい》から覚《さ》めました。「手術が終わりましたよ」。つい先ほどまで夢で出会っていたその先生の顔が、ぼーっと見えてきます。夢のリアリティがあまりに強かったために、松山さんは、主治医の先生の顔を見た瞬間、思わず「えーっ！」と叫《さけ》んでしまったほどでした。

そのときの松山さんの心は一点の曇《くも》りもなく、とても元気でした。

「ありがとうございました！」と言って、すぐにベッドから起き上がろうとして、主治医の先生から「あ、寝ていないとダメですよ！」と言われたくらいです。一緒《いっしょ》にいた看護師《かんごし》の方は、松山さんのあまりの純真《じゅんしん》さ、健気《けなげ》な様子に「こんな患者《かんじゃ》さんは見たことがない」と思わず涙をこぼされました。

カルマ超克《ちょうこく》のための祈り

その後、松山さんは、ＧＬＡのプロジェクト活動（セミナーや集いを支《ささ》える奉仕《ほうし》活動を通して、「魂の学《がく》」を体験的に深く学ぶ場）に参加するようになります。

そこでも様々な発見がありました。

たとえば、まだ研鑽《けんさん》を始めて間もない頃《ころ》のことです。八ヶ岳の大自然の中にある研修施設で、松山さんは、炊飯《すいはん》プロジェクトを担《にな》うことになりました。

巨大な釜《かま》でお湯を沸《わ》かし、麦茶を淹《い》れ、大きなやかんを運んで参加者にお茶を提供する。やかんを運びながら、「筋無力症《きんむりょくしょう》の私がどうしてこんな重いものを持つチームに入ってしまったんだろう……」。そんな考えが頭をよぎります。**「いつも私はこうなってしまうんだ」と、否定→鈍重《どんじゅう》→沈鬱《ちんうつ》の回路が頭をもたげ始めていたのです。**麦茶をつくる暑《あつ》い部屋。目に映《うつ》るのは、やかんとお釜だけ。そこは薄暗《うすぐら》く、重苦しく、閉塞《へいそく》した世界に見えました。

しかし、ここでも松山さんは、『新・祈りのみち』の中の「カルマ超克のための祈り」に向き合います。

「幼い頃《ころ》に受けた心の傷に一生を束縛《そくばく》されて生きる人がいます。……生まれ育ちの中で身につけた誤《あやま》った思い込みの幸福を、どうしても求めずにはいられない人がいます。

彼らは、その現実を望んでいるわけではありません。自《みずか》ら望まざる現実を自分に引き寄せることを、どうしても繰《く》り返してしまうのです」

この言葉を反芻《はんすう》しながら、「今、自分の中で起こっていることは、まさにここに書かれていることだ」と深い得心《とくしん》に導《みちび》かれました。

同時に、心を占《し》めていた重苦しい霧《きり》がサーッと晴れてゆくのを感じたのです。

その心で部屋から外に出てみると、突然、視界が開け、八ヶ岳の広大な風景が目に入ってきました。

「お日様が差し、皆《みな》が行き交《か》う。世界はこんなに明るく、こんな広い場所だったんだ。私は何を見ていたんだろう――」

松山さんは、それまでとはまったく違う気持ちで、炊飯プロジェクトの仕事に従事《じゅうじ》してゆきます。

肯定《こうてい》と明朗《めいろう》

そこで松山さんが目にした世界は、「暗示《あんじ》の帽子《ぼうし》」を脱《ぬ》いだときに見える象徴《しょうちょう》的な世

界でした。

そして、**このとき、松山さんの中で起こっていたのが、否定から肯定、鈍重《どんじゅう》から明朗への転換にほかなりません（図11）。**

否定を肯定の受信に変えるとは、すぐに「無理」「できない」「ダメ」と受けとめてしまうのをとどめ、「できる、できないではなく、とにかく引き受けてみよう」と前向きに受けとめることとです。

そして、鈍重を明朗の発信に変えるとは、重く暗い雰囲気《ふんいき》で場を沈《しず》ませてしまう言動を、明るく前向きな言動に変えることとです。

このプロジェクト体験は、松山さんの中に、「偽我《ぎが》」を脱出《だっしゅつ》して「真我《しんが》」に向かう、小さな――しかし、より確かな「善我《ぜんが》」が生まれた瞬間《しゅんかん》でした。

水戸黄門《みとこうもん》の印籠《いんろう》を手放《てばな》すとき

病気のデパートであった松山さんですが、それからはすこぶる元気になりました。

それはどれほどあり得《え》ないことでしょうか。その光転の土台となったのは、間違いなく、松山さんが「魂の学《がく》」を学び実践《じっせん》することで獲得《かくとく》した新たな心の力であり、そして書き換《か》えられた新たな人間観、人生観でした。

それは、松山さんが長い間かぶってきた「暗示《あんじ》の帽子《ぼうし》」が囁《ささや》く自分像・世界像とまったく違うものです。誰《だれ》の中にも願いがあり、それに応《こた》える力がある。人と世界は密接《みっせつ》につながっていて、切り離された人など1人もいない。1人ひとりに応えるべき使命があり、できることがある……。

松山さんは、元気を取り戻《もど》してゆく中で、こう思いました。

「自分は今まで、できない理由をいつも病気のせいにしてきた」

そんなとき、娘さんからこう言われたのです。

「ママには、水戸黄門の印籠がある」

その印籠とは、難病手帳のことです。松山さんは、何か困難があると、「私はこれだけの難病がある。だから、元気な人がやってください」。そうやって、事態を引き受けずに逃げてきたことに気づいたのです。

松山さんは、思い切って、難病手帳を返還《へんかん》することを決意しました。もちろん、主治医からは止められました。しかし、松山さんは、「自分はこの手帳に縛《しば》られてきました。だから、そこから自由になりたいと思います」。そう言って、自らの意志を通したのです。

八ヶ岳山麓にあるGLAの研修施設でのセミナーの折、松山貴美子さん（左）と語り合う著者。かつて女優として順調なデビューを飾りながらも強い自己否定の想いで自ら引退、さらに2つの難病を患う中で、苦・衰退の「暗示の帽子」に支配されてしまった松山さん。しかし今、その面影はない。内に眠っていた真我の光が自らを輝かせ、他を照らしているからだ。

先に触《ふ》れたように、重症筋無力症《じゅうしょうきんむりょくしょう》は治《なお》ったとは言えない状態であることに変わりはありません。年を重ね、何かがきっかけとなって再発する可能性はゼロではないのです。現実に、主治医の先生からは「小康《しょうこう》状態と言っておきましょう」と言われています。

しかし、松山さんは、こんな気持ちです。

「症状が出てきたら、それはそのときだ。今、元気なんだから、今を生きよう。病気が治れば○《マル》、治らなければ×《バツ》ではない。もし、再発したら、そのときには、その病が私に教えていることがある。私に『気づけ』と言っていることがある。『魂の学』の『病は呼びかけ』という生き方を実践すればいい」

しっかりと心が定まっているのです。

この強さは、どこからやってくるのでしょうか——。

それは、松山さんが、この20年をかけて育《はぐく》んだ善我《ぜんが》のなせる業《わざ》なのです。最初から、一足跳《いっそくと》びにここまでやってこられたわけではありません。一歩ずつ一歩ずつ、倦《う》まずたゆまず、変わることなく、自分を見つめ、新たな受発色《じゅはつしき》を育ててきた結果です。

新たな試練

松山さんは、その後、再び人生を揺《ゆ》るがす試練に直面します。自らの病を克服《こくふく》した後、今度は、ご主人がアルツハイマー型認知症《にんちしょう》を発症《はっしょう》していることがわかったのです。

最初は、「なにか、台詞《せりふ》の覚えが悪い」。そこから始まりました。次は、共演者の方から「お前、この頃《ごろ》変だぞ」と言われるようになりました。

それでもご主人は、「演技の間《ま》が悪かったんだよ」と笑っていたのです。

松山さんが、「一度、人間ドックで脳のことも調べてもらったら」と話しても、「そんなわけない。大丈夫《だいじょうぶ》だよ。ないない」。

しかし、ある時期になって検査をしてみると、アルツハイマー型認知症であることが判明《はんめい》。ちょうど60歳のときで、お医者様から「若年性《じゃくねんせい》ですね」と告知《こくち》されました。まさに青天《せいてん》の霹靂《へきれき》でした。

ご主人は、ＮＨＫ大河ドラマ『天地人《てんちじん》』を最後に、役者人生の幕《まく》を閉じました。

最初は、２人の娘さんも、「パパがかわいそう、かわいそう」と泣きながら、立ち直れないほど落ち込《こ》みました。しかし、２人は、しばらくすると、この事態をまっすぐに受けとめ、立ち直ってゆくのです。松山さんと同様、「魂の学《がく》」を学び実践《じっせん》する２人にとって、その試練は「呼びかけ」――。意味のないことではないのです。

松山さんも、最初はどうしていいかわからず、泣くに泣けない状況でした。

一家の大黒柱《だいこくばしら》を失ってゆく不安の中で、経済的にも困難を抱《かか》えることは明白でした。

何よりも、これまで精神的に支えてくれていた人が、今度は自分たちが支え、守ってあげなければならない存在に変わってしまったのです。

家族の絆《きずな》

しかし、松山さんには、すでにこの事態を引き受ける強い善我《ぜんが》が育《はぐく》まれていました。

2人の娘さんも、「自分たちも頑張《がんば》るから。パパがこの家のことがわかる間は、この家にいよう。パパがわからなくなったら、そのときには引っ越そう」

経済的な問題も、どうしても厳《きび》しい状態になったら、そのときは家を売却《ばいきゃく》すればいい。

松山さんと2人の娘さんに、悲壮感《ひそうかん》はありませんでした。

松山さんは、その後、ご自宅を離《はな》れ、都内のマンションで2人の娘さん、そしてご主人と一緒《いっしょ》に暮《く》らしてきました。

ご主人は、現在、もっとも手厚《てあつ》い介護を必要とする要介護《ようかいご》5になりました。そろそろ施設の力を借《か》りることも考えなければならない時期が訪《おとず》れています。それでも、家族の絆はなお一層《いっそう》強くなり、明るく、生き生きと毎日を過《す》ごしているのです。

さらに、松山さんは、自らの体験は、きっと同じような境遇《きょうぐう》にある多くの方々が人生を生きるヒントになるはず——その想いを強くして、全国で講演会を開いています。

これまで延《の》べ70カ所以上で開催し、参加者は1万名を超えました。

誰《だれ》からも愛される松山さんのかわいらしさも相《あい》まって、そこで語られる松山さんの偽《ぎ》我埋没《がまいぼつ》から善我確立《ぜんがかくりつ》への歩みは、参加者に深い共感と大きな勇気を与え続けています。

そこには、大上段《だいじょうだん》に振りかざしたものは何もありません。宿命と試練に揺《ゆ》り動かされながら、変わることなく人生の真実を求めて一心に歩む中で、磨《みが》かれ、現れてきた「ひたむきな求道者《ぐどうしゃ》」の心根《こころね》が、多くの人々を励《はげ》ます清新《せいしん》な光となっているのです。

案じる力

善我《ぜんが》の力が強まってゆくと、偽我《ぎが》の弱点や制約は、その人の個性や可能性に転じてゆきます。偽我から始まり、善我を通って、最終的には真我《しんが》に至《いた》る——。

まさに、真我誕生《たんじょう》の訪《おとず》れです。

それは、仏教において、煩悩即菩提《ぼんのうそくぼだい》と言われている真実です。苦《く》・衰退《すいたい》の場合、それがどのように現れるのか、1つの側面を考えてみましょう。

これまで述べてきたように、苦・衰退の傾向《けいこう》を抱《いだ》く人は、長い間、世界や人から大きな圧迫《あっぱく》を受けています。自分が関わるものごとがうまく進むとはとても思えない。先のことを考えれば不安がよぎり、「ああなったらどうしよう、こうなったらどうしよう」と次々に心配が生じ、それに呑《の》み込まれてゆきます。

しかし、苦・衰退の抱く真我の光が輝《かがや》き始めると、次々に現れる不安や心配を妄想《もうそう》的に膨《ふく》らませることなく、逆にそれらを大きな力にすることができるのです。

その力とは、「案じる力」です。

現実社会の中で、一定の責任を持って生きてきた人ならば、ものごとに対する「心配」を起点として、点検・改善できることがいかに大切な能力であるかを実感されているのではないでしょうか。

自分のことだけでなく、周囲の人たちや場《ば》全体のことをどれだけ案じることができるか。そのことにどれだけ応《こた》えることができるか。それは、その仕事の質を決めてしまうと言っても過言《かごん》ではありません。

1つの事態は、私たちに様々な徴《しるし》をもって呼びかけてきます。

一方、その徴を見過《す》ごしてしまえば、「まあ、大丈夫《だいじょうぶ》」「問題ない」「いつも通り」で終わってしまいます。

しかし、そのかすかな徴を捉《とら》えて、「この点はどうだろうか」「これでは足《た》りないのではないか」「もっと改善できるのではないか」「この方は大丈夫だろうか。助けが必要ではないか」「この方々には……」と様々に案じ、思いやれることは確かな力となるのです。

苦・衰退の人は、もともと案じる力があります。ただ、今までは、不安や心配に呑み込まれて身動きが取れなくなっていたのです。

しかし、善我の力によってそれを克服《こくふく》するとき、「心配してしまう弱点」は、自分を超えて、周囲や世界を「案じることができる力」に変容《へんよう》し、苦・衰退の個性の光に転じることができるのです。

松山貴美子《きみこ》さんが、ご自身の人生の体験や介護の経験を、講演を通じて全国の人々にお伝えしているのも、この「案じる力」がはたらいているからです。苦しんできた自分だから、同じように人生の中で困難を抱《かか》えた方々に伝えられることがあるかもしれない。真実を求めて求道者《ぐどうしゃ》のように歩んできた松山さんは、ご自身の歩みを他の方々の力にしていただきたいと願っているのです。

かすかな徴を呼びかけと受けとめ、自分を超えて様々に気遣《きづか》い、その心配に応えてゆく――。その力こそ、真我の光を放ち始めた苦・衰退の人が、世界に捧《ささ》げることのできる頼《たの》もしい力にほかなりません。

真我《しんが》誕生《たんじょう》への道

善我《ぜんが》の力を確かにしてゆくとき、自分に対する、否定的で信じきれないイメージを少しずつ払拭《ふっしょく》し、ただ圧迫《あっぱく》を与えるばかりだった他者や世界の像を書き換《か》えることができるようになります。

周囲にいる人たちは響働《きょうどう》できる人々。そして世界は挑戦《ちょうせん》を愛《め》で、歓《よろこ》び、たとえ失敗しても私を受けとめてくれる――。そうした世界観の転換が訪れ、新しい人が生まれるのです。

その結果、煩悩地図《ぼんのうちず》（図10、105ページ）の左側に示された、苦《く》・衰退《すいたい》が抱《いだ》く光が現れてきます。

何ごとにも一貫《いっかん》して向き合うことができる誠実《せいじつ》さ。

大切な一点に常《つね》に立ち還《かえ》ることができる回帰《かいき》の力。
侮《あなど》ったり、手を抜いたりしないまじめさ。
いつも変わることなく心を尽《つ》くすひたむきさ。
失われることのない純粋《じゅんすい》な無垢《むく》の光、まごころの赤心《せきしん》の光。
人知れず他に尽くすことができる献身《けんしん》と陰徳《いんとく》の光。
誰《だれ》が見ていなくても決めたことを守ってまっすぐに実行できる愚直《ぐちょく》さ。
自らの非力《ひりき》を噛《か》みしめたからこそ、人間の弱さや悲しみに深く共感する力。
その力をもって、他の人々に同伴《どうはん》し、支える慈悲《じひ》の光。
そして、自らの歩みのすべてを大いなる存在に委《ゆだ》ねることができる託身《たくしん》の光。

今、松山さんが発している明るい光、そしてその人生に奏《かな》でられる可能性の響《ひび》き。それは、こうした苦・衰退の真我の光に通じています。松山さんの「最終形の自分」（Real《リアル》 Self《セルフ》）の輪郭《りんかく》が少しずつ現れてきているのです。

自分を信じることができず、否定していたかつての苦・衰退の松山さんの中に、これだけの可能性と光が湛《たた》えられているということなのです。

コラム　苦《く》・衰退《すいたい》の「卑屈《ひくつ》→愚痴《ぐち》→虚無《きょむ》」の回路からの脱出《だっしゅつ》

本章の松山貴美子《きみこ》さんの歩みの中で触《ふ》れることができなかった、苦・衰退の代表的な回路の残りの1つ、卑屈→愚痴→虚無の回路について、ここで触れておきたいと思います。

卑屈の受信とは、本章の冒頭に触れた「どうせ」で始まる受信が1つの典型《てんけい》です。自分の不足や未熟《みじゅく》をよくわかっているかのように、「どうせ、私はダメ」「どうせ、できるはずがない」と言いながら、あとで痛い目にあったり、がっかりしたと言われたりしないために、あらかじめ期待《きたい》値《ち》を下げておくのです。

しかし、それでものごとに憂《うれ》いなく打ち込めるのかと言えば、やはり期待が持てない自分や現実を嘆《なげ》くことになります。それが愚痴の発信です。「だって、……だったから仕方《しかた》がないよ」。その否定的な循環《じゅんかん》の中で、ニヒリズム、虚無に陥《おちい》ってゆくのです。これが虚無の現実です。まるで自らの毒によって自家中毒《じかちゅうどく》に陥ってしまうような厄介《やっかい》さを抱《かか》えた受発色《じゅはっしき》です。

留意《りゅうい》しておきたいことは、この回路は、苦・衰退のタイプでありながら、思いのほかエネルギーを抱《いだ》いていて、周囲を巻き込んでしまう傾向《けいこう》があるということです。

もともと卑屈→愚痴→虚無の回路は、「優劣《ゆうれつ》」にこだわる心で、それがまず、劣等感《れっとうかん》として現れています。しかし、劣等感は優越感《ゆうえつかん》と表裏《ひょうり》の関係にあり、何かのきっかけですぐに優越感に反転し、苦《く》・暴流《ぼうりゅう》や快《かい》・暴流《ぼうりゅう》に遷移《せんい》しようともくろんでいます。

「どうせ、私はダメ」と言いながら、「でも、あの人よりはまし。だって、あの人にはこんなところがある」「私の方がずっとまとも」と、いつの間にか相手を苦・暴流でこき下《お》ろし、自分を持ち上げる快・暴流にすり替《か》わってしまうこともある厄介な回路なのです。

そんな回路を抱く人にとって、ものごとを素直に受信することがいかに大切でしょうか。素直とは、斜《しゃ》に構えることなく、まっすぐに事態に向き合うことです。

素直に受信するためには、世界を肯定的《こうていてき》に受けとめる力が必要です。たとえ、どれほど「崩壊《ほうかい》の定《さだめ》」（187ページ参照）がはたらいていても、世界には私たちを支える「指導原理《しどうげんり》」（万物《ばんぶつ》を生かし育《はぐく》み、その個性が輝《かがや》くように、存在の本質を顕《あら》わにさせる宇宙に遍在《へんざい》する力）もはたらいている。その世界観を明確に持つことが助けとなるでしょう。

つい口にしてしまう「でも」「だって」「どうせ」というつぶやきをとどめ、まっすぐに事態を受けとめようとするとき、たとえそれが困難な状況であろうと、目の前の現実に精いっぱい応《こた》えてゆこうとします。「人事《じんじ》を尽《つ》くして天命《てんめい》を待つ」の心境によって、懸命にその現実に応えてゆく力が生まれるのです。

そこには、卑屈の受信を素直の受信に、愚痴の発信を懸命の発信に転換する善我の歩みがはっきりと現れることになります（図11、122ページ）。

「自己診断チャート」(第3章)で
苦・衰退の結果が出たあなたへ——

実際に苦・衰退の偽我をよく知り、善我を育むために、
さらに以下のチェックポイントで自らのことを振り返ってみましょう。

Check!
❶松山貴美子さんの実践の歩みを読んだとき、松山さんの体験に重なって、過去の自分の体験が思い出されたことはなかったでしょうか。もしあれば、それはどのような体験ですか?

Check!
❷その体験は、今のあなたにどのような影響を与えていると思われますか?

Check!
❸松山貴美子さんの受発色転換の実践の中で、特に強く心に残ったことは何でしょうか? それはなぜだと思われますか?

※きちんとした答えが出なくてもかまいません。
松山さんとご自身の歩みを重ね合わせ、想いを深めてゆく中で、
必ずあなたの善我が芽生え、新たな歩みが始まるに違いありません。

第5章

苦《く》・暴流《ぼうりゅう》タイプ
——恨《うら》みの強い被害者《ひがいしゃ》から勇気ある正義漢《せいぎかん》へ

怒り・恨《うら》み・不満に突《つ》き動かされる自分を

どうすることもできない苦《く》・暴流《ぼうりゅう》タイプ。

しかし、その奥には——正義・一途《いちず》・守護《しゅご》・

自律《じりつ》・弁別《べんべつ》・重心・勇気・切実《せつじつ》・簡素《かんそ》・強さ・

喚起《かんき》・責任といった光が輝《かがや》いている。

イライラが満ちる日常

あなたは、1日の中で何回ぐらい「怒り」を感じているでしょうか。

ここで少し振り返ってみていただきたいのです。

あなたがサラリーマンなら、朝、通勤電車の中で、隣《となり》の人が背負っているリュックが当たる。「リュックは前に抱《かか》えろよ!」とカウント1。

スマホでゲームをしている人を見かける。「満員電車の中でゲームをするとは何ごとか!」とカウント2。

そのカウントが5に達した頃《ころ》、目の前の女性が化粧《けしょう》を始める。

もはや「一言文句《もんく》を言わずにはいられない!」。その女性の背景や事情に想いを馳《は》せる余裕《よゆう》などなく、瞬時《しゅんじ》にそんな気分になってしまうのです。

会社に到着《とうちゃく》してもそれは続きます。遅刻《ちこく》してくる△△君。挨拶《あいさつ》をしない○○さん。何の申し開きもなく、机の上に無造作《むぞうさ》に置かれた締《し》め切り遅延《ちえん》の報告書。

さらに、片づいていない給湯室《きゅうとうしつ》。遠慮もない大声の会話……。

「ここをどこだと思っているんだ!」

会社は、あなたをイライラさせる刺激《しげき》にあふれています。

昼休みに外に出ても、気は休まりません。横断歩道を渡ろうとした瞬間、信号が赤になる。いつまでたっても注文を取りに来ない店員。注文したのになかなかランチが出てこない。自分より後に注文した人に先に食事が運ばれている！

家に帰ってテレビをつければ、コメンテーターの言葉にカチンとくる。新聞を広げれば、評論家の意見に文句を言いたくなる。楽しいはずのドラマを観《み》ても、主人公にいちいち難《なん》クセをつけているあなたがいるのではないでしょうか。

後生大事《ごしょうだいじ》に抱《かか》え続ける負《ふ》の感情

こうした「怒り」は、もともと、その時その場に現れる一過性《いっかせい》の感情です。

けれども、その場限りではなく、ずっと長く続く怒りがあります。

さらに、怒りを通り越して、恨《うら》みになってしまうことも少なくないのです。

あの人だけはどうしても許せない。あの仕打《しう》ちは決して忘れない。思い出すだけで、そのときの気持ちが蘇《よみがえ》り、心臓が高鳴《たかな》り、血圧が上昇《じょうしょう》し、胃《い》のあたりが重くなる。

誰《だれ》もが、1つや2つ、そんな心のささくれを秘《ひ》めているかもしれません。

なぜ私たちは、そんな気持ちを抱えてしまうのでしょうか。

後生大事にその気持ちを持ち続け、中には何十年もその想いを抱《いだ》いている人もいます。

変わってしまう世界

さらに深刻《しんこく》なのは、内にとどまっていた「怒り」は、何かのきっかけで、すぐに外に現れてしまうことです。

その爆発《ばくはつ》が起こったら？

爆発後の世界は、爆発前の世界と大きく変わってしまいます。

長い時間をかけて築《きず》いてきた信頼《しんらい》も、大切に積み重ねてきた成果《せいか》も、たった1回の爆発によって、無《む》に帰《き》してしまうことはめずらしくありません。

中には、再起不能、取り返しのつかない減点《げんてん》を人生に与えてしまった人もいます。

度が過《す》ぎる悪態《あくたい》をついた政治家。

謝罪《しゃざい》の機会があったにもかかわらず、開き直ってしまった著名人《ちょめいじん》。

あそこで踏《ふ》みとどまっていれば、こんなことにはならなかった。後から冷静に考えてみれば、何であんなことをしてしまったのかわからない――。

報道される社会的な事件ばかりでなく、あなたの身の周《まわ》りでも、同じような出来事が起きているのではないでしょうか。

これらの負《ふ》の感情が1人の人間にもたらす人生の損失《そんしつ》は、計《はか》り知れません。それは、あなたの人生にも多大なマイナスを生み出し続けているのです。

あなたは、心の中に居座《いすわ》っているその人生損失の発生源《はっせいげん》を放置《ほうち》し続けるでしょうか。私たちは一度、日常に満ちるこれらの出来事と自分について、立ち止まって考えてみる必要があるのではないでしょうか。

苦《く》・暴流《ぼうりゅう》タイプの心の性質

「怒り」は、多くの宗教において、コントロールすべき感情に挙《あ》げられています。とりわけ意識哲学の側面も抱《いだ》く仏教では、貪瞋痴《とんじんち》の瞋《じん》として、「心の三毒《さんどく》」の1つに数えられ、求道者《ぐどうしゃ》がもっとも真剣に対峙《たいじ》しなければならない煩悩《ぼんのう》の1つとされています。

強い「怒り」を現すことは、煩悩地図で言う苦・暴流の代表的な受発色《じゅはつしき》です。その意味で、苦・暴流は、もっともわかりやすい煩悩の形を示していると言えるでしょう。

苦・暴流の心は、ものごとを否定的・悲観的に、マイナス面を常《つね》に意識して受けとめ、対抗的《たいこうてき》・攻撃的《こうげきてき》に、その不利益に屈《くっ》せず、それを覆《くつがえ》そうと行動します。

曲がったものごとをよしとせずに正し、守るべきことのために闘《たたか》い、どこまでも正義を貫《つらぬ》く強さを抱《いだ》いています。

そこには「勇気ある正義漢《せいぎかん》」の面影《おもかげ》が秘《ひ》められていると言えるでしょう。

しかし一方で、他と和《わ》することが苦手で、違いに苛立《いらだ》ち、事態にすぐに「悪意のサイン」を見出《みいだ》して、攻撃や争いを繰《く》り返し、多くの対立と摩擦《まさつ》をもたらしてしまいます。

その結果、場に関わる人の心が疲れ、荒《すさ》み、殺伐《さつばつ》とした空気を生んでしまうのです。

そこに現れるのは、「恨《うら》みの強い被害者」の姿です。

苦・暴流の心は、現状を否定的に受けとめがちで、対抗心が行動のエネルギーになりやすい傾向《けいこう》があります。

いつも不満げで、イライラした気配《けはい》を発している場合もあれば、とにかく理屈《りくつ》っぽく、何でも批判《ひはん》せずにはいられない場合、また他人の意見には決して耳を傾《かたむ》けず、近寄りがたく、頑《かたく》なな印象を与える場合もあります。

このように、同じ苦・暴流でも、皆一様《みないちよう》というわけではありません。

ただ、苦・暴流の人は、そのベースに、いつも重荷《おもに》、責任、不運や理不尽《りふじん》な苦難の圧《あっ》迫《ぱく》を受けているという感覚があります。何かが起これば、すぐにそれは重荷や責任となって自分を追いつめる。それを「受苦《じゅく》の感覚」と表現するならば、その受苦に対する抵抗やリアクションが、共通の行動の基《もと》となっているのです。

苦《く》・衰退《すいたい》や快《かい》・暴流《ぼうりゅう》との違い

同じ苦系である苦・衰退も、苦の刺激《しげき》に対して敏感《びんかん》です。不安なこと、心配なこと、不足や未熟《みじゅく》なことをすぐに見つけ、そこに気持ちを焦点《しょうてん》させます。

しかし、その不安や心配、不足に対して、苦・衰退の人は、それを指摘《してき》し、改善のための行動を起こすことには躊躇《ちゅうちょ》があります。

「自分が言わなくても誰《だれ》かが気づくのではないか」「私なんかが指摘しても……」「とても自分にはできない」と立ち止まってしまいやすいのです。

一方、苦《く》・暴流《ぼうりゅう》の人は、躊躇がありません。「これは問題じゃないか」「どうなっているんだ！」と指摘し、それを打開《だかい》するために闘《たたか》います。

第2章でも触《ふ》れたように、暴流系の人は、一度抱《いだ》いたエネルギーを外に出さずにはいられない傾向《けいこう》を持っています。そのエネルギーは、1つの目的に向かうものであり、そこには勝ち負けがかかっていて、常《つね》に「勝ち」にこだわるのです。

また、同じ暴流系である快・暴流も、内に抱いたエネルギーは外に出さないと気がすみません。しかし、快・暴流の人がエネルギーを注《そそ》ぐのは、新しい挑戦《ちょうせん》や関心事であり、特に自己実現や自分の影響力を強めることに対してです。

一方、苦・暴流の人がエネルギーを注ぐのは、自分のことを認めさせること以上に、自分が考える正しさを認めさせることです。自分が認める価値や秩序《ちつじょ》がこの世界に通用することを確かめたいのです。

苦《く》・暴流《ぼうりゅう》の3つの回路

苦・暴流の煩悩地図《ぼんのうちず》（図12）には、このタイプが抱《いだ》く「偽我《ぎが》」の受発色《じゅはつしき》の回路、それを脱《だっ》してゆく「善我《ぜんが》」の受信・発信の歩み、そして、その先に現れる「真我《しんが》」の光が示されています。

苦・暴流に特徴的《とくちょうてき》な偽我の回路は、次の3つです。

拒絶《きょぜつ》→頑固《がんこ》→硬直《こうちょく》

批判《ひはん》→正論《せいろん》→対立／萎縮《いしゅく》

不満→荒れ→破壊《はかい》

苦・暴流の煩悩地図

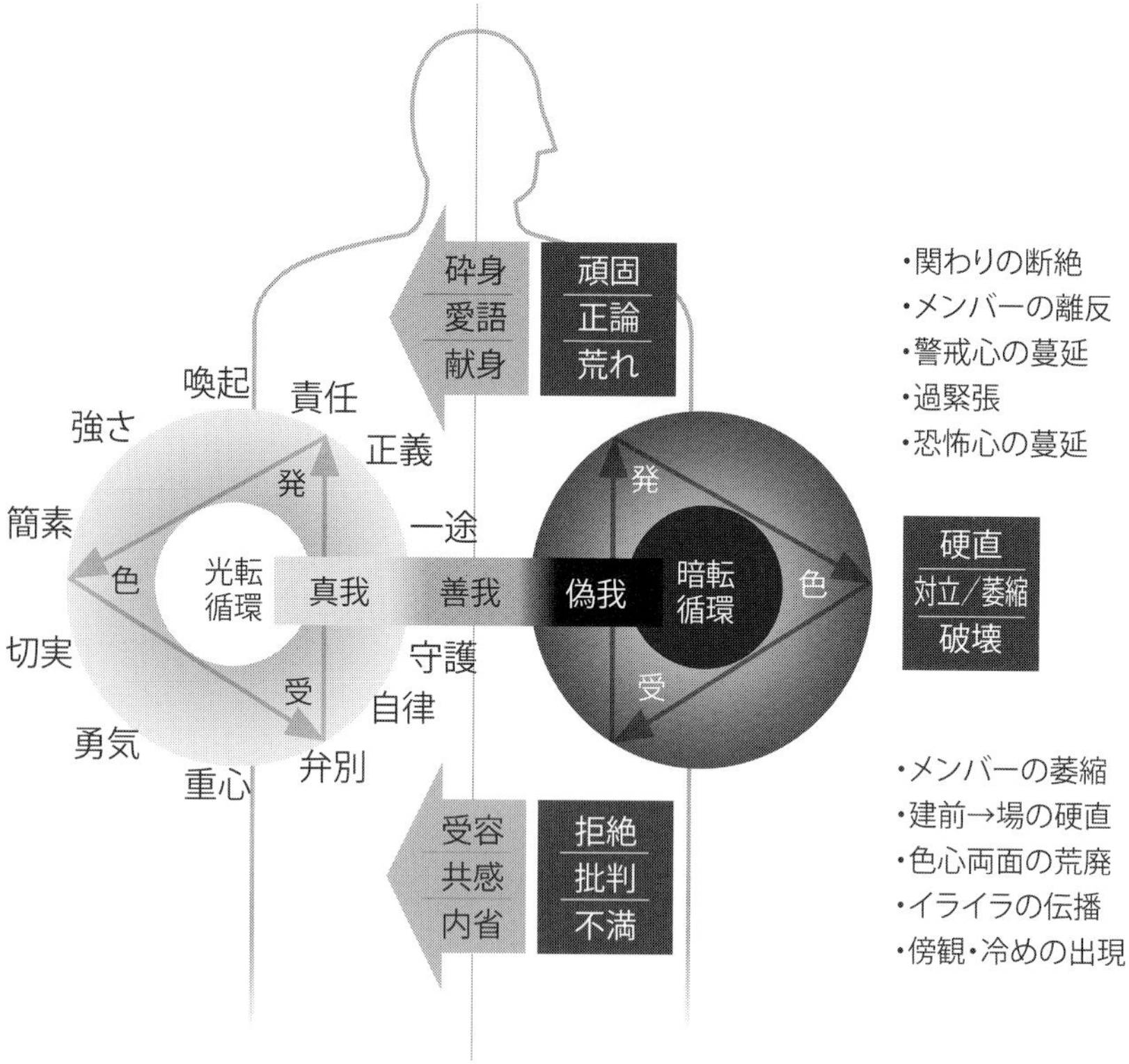

図 12

本章では、苦・暴流の人が偽我埋没《まいぼつ》から善我確立への道を歩むモデルとして、北海道の公立病院の総合内科医、高橋早織《さおり》さんをご紹介します。

現在の高橋さんは、サバサバした性格が気持ちよく、面倒見《めんどうみ》のよい姉御肌《あねごはだ》のハンサムウーマン――。でも、彼女は、生まれながらにして苦・暴流となることを運命づけられていた人と言ってよいかもしれません。

物心《ものごころ》ついて間もない頃《ころ》のこと。揺《ゆ》りかごの中で揺られている自分。リフォームで家に大工さんが入り、一日中、電動のこぎりや電気かんなの騒音《そうおん》がやまず、幼子《おさなご》の高橋さんは大泣きをしました。

しかし、それは、不安の涙でも恐《おそ》れの涙でもなく、怒りの涙でした。「うるさーい！」。自分の中から何とも言えない怒りのエネルギーが湧《わ》き上がってきたことを高橋さんは覚えています。

「三つ子の魂百《たましい》まで」という言葉の通り、筋金《すじがね》入りの苦・暴流の人生を歩んできたのです。

次ページは、高橋さんが、20年近く前のご自身を思い出しながら取り組まれた自己診断チャートの結果です。苦・暴流の傾向《けいこう》が顕著《けんちょ》に現れ、とりわけ、批判→正論→対立／

高橋早織さんの自己診断チャート

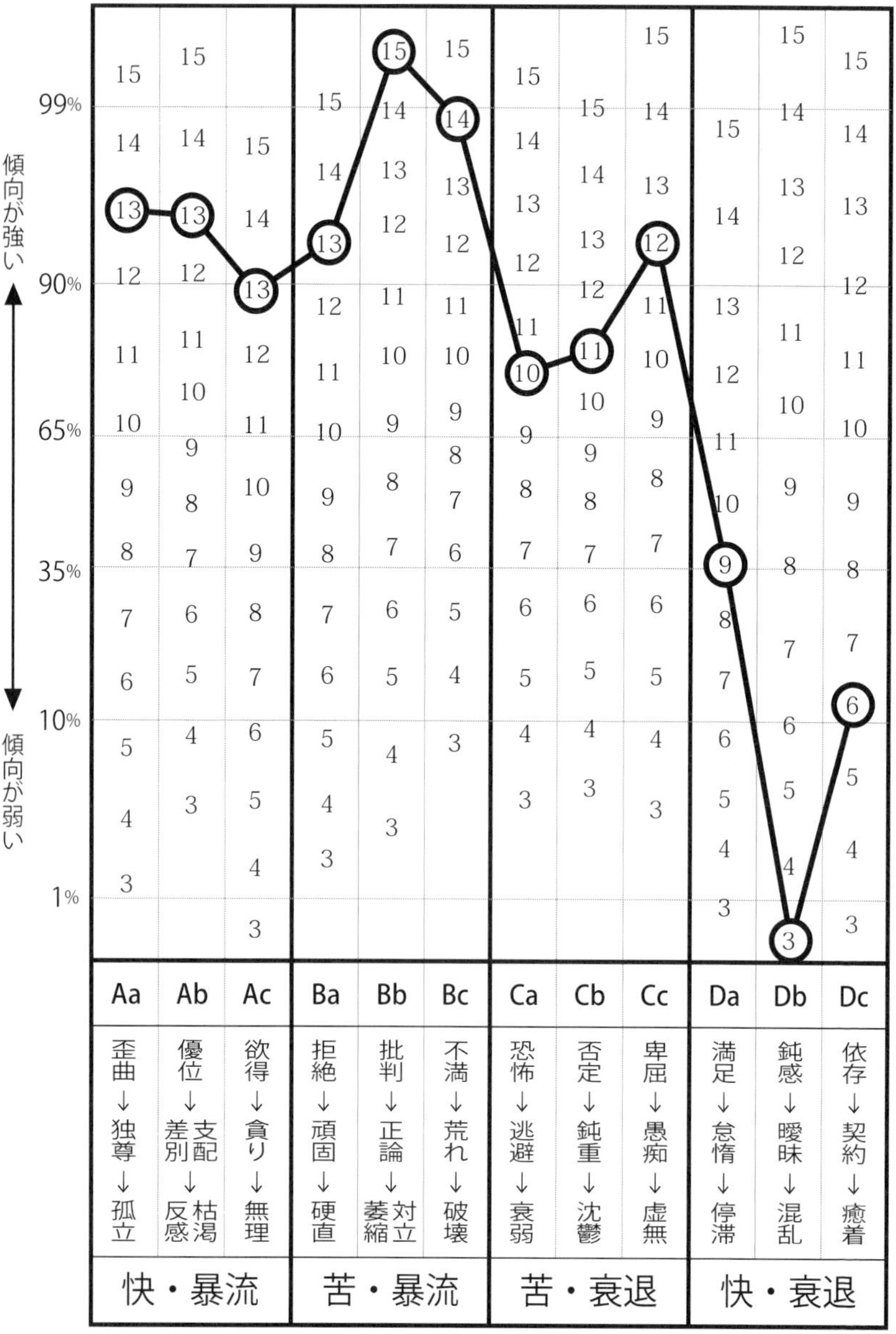

萎縮と、不満→荒れ→破壊の受発色の回路が優勢《ゆうせい》であることがわかります。

瞬間湯沸《しゅんかんゆわ》かし器

かつての高橋さんは、周《まわ》りの同僚《どうりょう》から「瞬間湯沸かし器」と言われていたほど、いったん火がつくと怒りが止まりませんでした。

あるとき、高橋さんは、点滴《てんてき》の量を間違えた研修医に激怒《げきど》。一通りお説教が終わって、本人は、「30分ぐらいやったかな」と思っていると、同席していた先生から、「早織《さおり》先生、今日は2時間の記録でしたね」と言われる始末《しまつ》——。

当時の病院には、その怒りを増幅《ぞうふく》しかねない状況がありました。院長選挙に絡《から》んで、2つの診療科間の派閥《はばつ》争いと対立が生じていたのです。

高橋さんと同室だった診療情報管理士《しんりょうじょうほうかんりし》のAさんと、事務室の秘書をしていたBさんは、それぞれが対立する派閥に属していて、関係がこじれるようになりました。

Bさんは、Aさんに対して、いろいろなうわさを流したり、陰口《かげぐち》を言ったり、ときには嫌《いや》がらせをするようになっていったのです。

同僚のよしみということもあり、日頃《ひごろ》からAさんと親しい関係にあった高橋さんは、

Aさんの側に立って、彼女を擁護《ようご》してゆくことになります。

ところが、Bさんをはじめとするグループとの対立は、その後も収《おさ》まるどころかますます激しくなり、嫌がらせの矛先《ほこさき》が高橋さんにも向くようになってきました。

それからしばらくして、ついに高橋さんは、一連の動きの首謀者《しゅぼうしゃ》であるBさんに対して、完全に切れてしまいました。Bさんを前にして、怒りのエネルギーを止めることができなくなってしまったのです。

事態はますます悪化し、今度は、Bさんの上司である事務長が出てきて、高橋さんに殴《なぐ》りかからんばかりの剣幕《けんまく》で食ってかかってきました。収拾《しゅうしゅう》がつかない状況となり、最後は、院長が間に入って、ようやく事態は収束《しゅうそく》することになりました。

しかし、この時点で、一連の事件は、もはや単なる医局内の対立として処理することはできなくなっていました。１つ間違えば、暴力事件に発展する危険すらあったからです。結局、事務長は職を解かれ、更迭《こうてつ》されることになったのです。

権威《けんい》に対する反発心

高橋さんには、一方的に権威を押しつけてくる存在に対して、とりわけ強い反発心を示す傾向《けいこう》がありました。

15年ほど前、ある患者《かんじゃ》さんに対する高橋さんの対応が問題視《し》され、裁判に巻き込まれたことがありました。その最中、自らの正しさを信じて疑わない高橋さんは、有無《うむ》も言わさぬ態度で臨《のぞ》んでくる警察という存在に、強い対抗心《たいこうしん》を抱《いだ》き、その気持ちに翻弄《ほんろう》されてゆくことになったのです。

事情聴取《ちょうしゅ》のために病院を訪《おとず》れた道警《どうけい》の刑事《けいじ》に、対抗的な姿勢で接します。「汚《きたな》い足で病院に来るんじゃない」「裏金《うらがね》つくって、やりたいようにやっているくせに」。聴取にあたった刑事に次から次に出てくる怒りの想いを、自分でもどうすることもできませんでした。

「もうどうにでもなれ」。それが当時の高橋さんの気持ちでした。

まさに自爆《じばく》モードに入っていたのです。

調書《ちょうしょ》の作成においても、やけくそ気味《ぎみ》の対応でした。すると、それに引きずられるような形で、必要以上に事態を厳《きび》しく見積もる内容の調書がつくられてしまいました。

このとき高橋さんは、自分でこの自爆モードを解除《かいじょ》することはできませんでした。

「魂の学《がく》」を共に学ぶ医師の仲間や弁護士の皆さんが、親身《しんみ》になって関わってくれたおかげで、事態は事《こと》なきを得ることになったのです。その助力と支《ささ》えがあって、高橋さんの受発色《じゅはつしき》が変わり、警察官に対しても、誠意《せいい》をもって対応するようになると、相手の態度も一変《いっぺん》しました。

最後には、「もう一度、事実に基《もと》づいてやり直しましょう」ということで、調書をつくり直してくれることになったのです。

暗示《あんじ》の帽子《ぼうし》

「暗示の帽子」がいかに人を翻弄《ほんろう》するか——苦《く》・暴流《ぼうりゅう》の人の「暗示の帽子」は、周《まわ》りの人たちを悪意に満ちた悪者にしか見えないようにしてしまいます。

暗示にかかった心は、冷静な判断ができず、後で考えれば、とんでもないと思われるような行動を起こしてしまうのです。

なぜ、そのことにそんなにこだわるのか。

なぜ、いつまでもその気持ち（恨《うら》み、嫉妬《しっと》、欲望など）を抱《かか》え続けるのか。

なぜ、わざわざ行き止まりの道を選ぶのか。

なぜ、同じ失敗を何度も繰《く》り返すのか。
なぜ、うまくいかない方法をとり続けるのか。
なぜ、すでに目の前にある答えに気づけないのか。
なぜ、少しの我慢《がまん》ができないのか。
なぜ、自分から自滅的《じめつてき》行動をとるのか。
なぜ、自分から壊《こわ》してしまうのか。

これら1つ1つの問いかけは、「暗示の帽子」に命じられた愚《おろ》かな行動を、「ちょっと待てよ」と自制《じせい》させる作用があります。

自分にかけられた暗示を解除《かいじょ》する力を持っているのです。

もし、あなたが同じような状況に置かれているならば、ぜひ一度、これらの問いを自らの心深くに投げかけてみていただきたいのです。

「批判《ひはん》→正論《せいろん》→対立／萎縮《いしゅく》」の回路

高橋さんの受発色《じゅはつしき》の特徴《とくちょう》を端的《たんてき》に表現するならば、「性急《せいきゅう》な正義感《せいぎかん》」と「破壊的《はかいてき》な反《はん》権威主義《けんいしゅぎ》」でしょう。

この2つの心から生まれるのが、批判→正論→対立／萎縮という回路です（図12、150ページ）。批判で受けとめ、正論で関わり、対立／萎縮の現実を生み出してしまう――。

批判の受信とは、ものごとの不足や欠点にまず目を向ける事態の受けとめ方です。全体をあるがままに受けとめたり、良い点や可能性を見出《みいだ》そうとしたりする前に、問題点に目がいってしまう。最初から批判的な目になっている。この受信を繰《く》り返していると、現実や他人の意見をそのまま受けとめることはできなくなります。不足や未熟、問題点が気になって仕方《しかた》がなくなるからです。

そして、それを正そうと正論の発信をすることになります。足《た》りない点や問題を指摘《してき》し、注文をつける。おかしいと思えば意見する。それが正義であり、そうしなければ大変なことになってしまうから、そうはたらきかけるのです。

声を大にして言うことがなくても、「自分が指摘したからよかったものの、皆《みな》、問題意識がなさ過ぎる」と考えます。自分の見方がいかに大切なものかを改めて確かめ、ますますその傾向《けいこう》を強めてゆくのです。

ものごとが完璧《かんぺき》な状態にあることは滅多《めった》にありません。ですから、最初から批判的な姿勢で臨《のぞ》むなら、不足を指摘することはそれほどむずかしいことではないのです。ものごとを新たに生み出すことに比べれば、ある意味で容易なことをしていることに、この傾向を抱《いだ》く人は気づかなければなりません。

そして、他人の提案や判断に対して、常《つね》に批判で受けとめ、正論で関わっていたらどうでしょう。良い点や可能性を見出そうとせずに、足りない点ばかりを指摘していたら、それを受ける側の人たちはたまりません。

その指摘は愛ある助言ではないからです。確かに否定できない指摘であっても、受け入れがたい想いを生じさせてしまいます。相手が暴流系の人なら、当然、対立し、敵愾《てきがい》心《しん》を抱いたり、対抗的になったりするでしょう。衰退系の人は、その指摘に萎縮し、本来の可能性をますます現すことができなくなってしまいます。

批判→正論→対立／萎縮の受発色の本当の問題は、周囲の人たちにとっても、その人自身にとっても、魂を育《はぐく》む深い共感が失われてしまう点にあります。

そうした共感がなければ、どれほど鋭《するど》い見識《けんしき》があったとしても、魂は自らを豊かにすることはできないのです。

「不満→荒れ→破壊《はかい》」の回路

批判→正論→対立／萎縮の回路は、多くの場合、不満→荒れ→破壊の回路を伴《ともな》って現れます。不満で受けとめ、荒れで関わり、破壊の現実を生み出してしまう──。

不満の受信とは、自分に与えられるべき評価や待遇《たいぐう》や敬意《けいい》を十分に受けていないという受けとめ方です。

人間の満足の度合いは、現実／期待（「期待」分の「現実」）であり、期待が大きいほど不満につながりやすくなります。そして、不満の受信を生み出す苦《く》・暴流《ぼうりゅう》には、実は、大きな期待を生み出す「自己評価の高さ」が隠《かく》れているのです。

快《かい》・暴流《ぼうりゅう》のようにそれを周囲に喧伝《けんでん》することはありませんが、内心では自分の能力を特別に評価し、自分に正義があることを疑いません。

不満を抱《いだ》いているとき、人は、怒《おこ》って周囲に当たり、荒《すさ》んだ気配《けはい》を吐《は》き出します。ときには、暴力的な言動《げんどう》を浴《あ》びせることもあります。それが荒れの発信です。

そして、その荒れが増幅《ぞうふく》し、自分で止められなくなってしまうのが、苦・暴流の傾向《けいこう》なのです。イライラが募《つの》り、険悪《けんあく》な雰囲気《ふんいき》を出して周囲に大きなマイナスの影響を与えてゆきます。その結果、周囲には、破壊の現実が現れることになります。大切に進めていた仕事をダメにし、人間関係も壊《こわ》してしまうのです。

内なる荒《あ》れ野《の》

煩悩地図《ぼんのうちず》が示すように、苦《く》・暴流《ぼうりゅう》の受発色《じゅはっしき》は、その人の周りに破壊《はかい》の現実をつくり出します。まさに世界を粉々《こなごな》に壊《こわ》してしまいます。

そして、自分の周りに荒れ野をつくるにとどまらず、自分の内側にも荒廃《こうはい》した暗黒の心――ニヒリズムを生み出してしまうのです。

高橋さんもまた、この罠《わな》にはまってゆくことになります。周りに対して怒りの刃《やいば》を回せば回すほど、その刃によって、自分の心も切り刻《きざ》んでしまったのです。

かつての高橋さんの中には、「結局、医者は兵隊」――そんな想いがありました。医者というのは、的確に、機械のように医療をこなす。上司にどこそこへ行けと言われたら、そこに行って戦う。医者に自由意志なんてない。所詮《しょせん》、医師なんてそんなもの。何とも言えない、自分を卑下《ひげ》する気持ちが、心に鬱積《うっせき》してゆきました。

また、女性医師という条件も、高橋さんに大きな負荷《ふか》をかけました。

「女医は3倍働かなければ認められない」。そんな言葉がまことしやかに語られるほど、医者の世界には、男女差別の偏見《へんけん》が根強くはびこっていたのです。

そんな日々の中で、心はささくれだっていかざるを得ません。

治療《ちりょう》というよりも介護《かいご》が目的で入院している患者《かんじゃ》さんを見ると、「病院は姥捨《うばすて》山ではない」――そんな気持ちすら湧《わ》いてきてしまうのです。患者さんに対する気持ちの中にまで、ニヒリズムの影が忍《しの》び寄るようになっていました。

自分の内がどんどん空虚《くうきょ》になり、心にぽっかりと空洞《くうどう》ができたような感じでした。その心を抱《かか》えながら、しかし、仕事ではひっきりなしに困難な要請《ようせい》が続きます。心が安まるときはありません。

高橋さんは、次第《しだい》に精神的に追い込まれてゆきました。

心はいつも緊迫《きんぱく》し、携帯電話が鳴《な》るのも恐怖で、いつもビクビクしていました。

さらに、睡眠障害に苛《さいな》まれるようになってしまったのです。

怒りの刃は、自分さえも切り刻み、大きな痛手《いたで》を抱え込んでゆきました。

それが、高橋さんが人生の中でつくった「最初の自分」(Initial《イニシャル》 Self《セルフ》)であり、偽我《ぎが》が生み出さざるを得《え》なかった現実でした。

善我《ぜんが》確立への道

では、高橋さんは、ここからどのように善我を育《はぐく》む道を歩んでいったのでしょうか。それは、基本的には第4章の松山さんと変わりません。偽我《ぎが》の自分を知り、「次の自分」(Next《ネクスト》 Self《セルフ》)をつくる一歩一歩にほかならないのです。

その実践《じっせん》の1つをご紹介したいと思います。

あるとき、同僚《どうりょう》のベテラン看護師《かんごし》Cさんの高校生の娘さんが入院しました。診療《しんりょう》の後、担当医《たんとうい》は、もう良くなったということで、退院を許可しました。

ところが、Cさんは、娘はまだ発熱と頭痛を訴《うった》えているので、このまま退院させてよいのか心配になり、高橋さんのところに相談にやってきたのです。

退院の日、高橋さんは、担当医に、母親であるCさんの心配を伝えますが、「そんなことは大《たい》したことはない」と、けんもほろろに冷たくあしらわれてしまったのです。

しかしその後、娘さんの症状《しょうじょう》は悪化し、再入院となってしまいました。

Cさんは、「娘は髄膜炎《ずいまくえん》ではないか」と心配します。

再入院後、別の医師が担当することになりましたが、その医師も、「髄膜炎ではない。お母さんが勝手な思い込みで騒《さわ》いでいるだけ。それに振り回されるのは迷惑《めいわく》だ」と取り合おうとしません。

Cさんは、再度、高橋さんに訴《うった》えてきました。

かわいそうなCさん、理不尽《りふじん》としか思えない対応を繰《く》り返す2人の医師——。

この状況は、先のAさんの事件のときと同じです。

「いったい誰《だれ》のせいでこんなことになったと思っているんだ」

「こんなことで患者《かんじゃ》さんに応《こた》える病院と言えるのか」

高橋さんの中にある「性急《せいきゅう》な正義感《せいぎかん》」と「破壊的《はかいてき》な反権威主義《はんけんいしゅぎ》」による苦《く》・暴流《ぼうりゅう》の刃《やいば》は、戦闘態勢《せんとうたいせい》を整え、いつでも攻撃《こうげき》を開始できる状態になったのです。

戦闘態勢《せんとうたいせい》の解除《かいじょ》

もしここで、あのときと同じ批判《ひはん》→正論《せいろん》→対立／萎縮《いしゅく》と、不満→荒れ→破壊《はかい》の回路が回っていたらどうでしょうか。きっと、かつてと同じ展開になったでしょう。そこにもたらされるのは、殺伐《さつばつ》とした荒《あ》れ野《の》です。

しかし、このときは違っていました。

攻撃開始の直前、戦闘態勢は解除されたのです。

なぜ高橋さんは、引き金を引かなかったのでしょうか。

「魂の学《がく》」を学生の頃《ころ》から少しずつ学び始めていた高橋さんは、すでに長らく「善我《ぜんが》」の歩みを続けることで、心が少しずつ変わり、そこに安定した秩序《ちつじょ》が生まれていたからです。

それ以上に大きかったのは、多くの実践者の歩みに触《ふ》れ、自分が歩むべき道を心から実感できたことです。さらに、「魂の学」を共に研鑽《けんさん》する多くの仲間に接《せっ》する中で、人間を信頼する想いも確かになり始めていました。

そして、それらの土台の上に、何よりも自分の心を見つめる力が育《はぐく》まれていたのです。

まず、自分の中に動いている気持ちが苦《く》・暴流《ぼうりゅう》であることを見破り、その怒りの刃《やいば》が回った先に生まれる現実を予見《よけん》することができました。

この場合、Cさんとその娘さんは、被害者と言ってよいでしょう。その理不尽《りふじん》さを思えば、そこに関わった医師は糾弾《きゅうだん》されるに値《あたい》する存在かもしれません。

しかし、このときの高橋さんには、「誰《だれ》かを悪者にしても、結局、問題は解決しない」という定見《ていけん》が生まれつつあったのです。

そして、なぜ2人の医師が自分たちの非を認めず、あれほどまでに拒絶的《きょぜつてき》なのか。その背景にある大きな力に、想いを馳《は》せる高橋さんになっていたのです。
患者さんや看護師に対する面子《めんつ》もあり、一度出した診断を覆《くつがえ》すことは大変な勇気が要《い》ること。同時に、「それを改めて、責任を追及されたら……」という恐れをどの医師も抱《いだ》いている――。

この医師がそう発言せざるを得ない、当時の病院全体の雰囲気《ふんいき》が見えてきたのです。診断や治療のミスは常に起こり得《う》ることではあっても、病院の信頼と権威《けんい》を守り、訴《そ》訟《しょう》リスクを小さくするために、それをおいそれと認《みと》めることはできない――。

医師の対応の問題は問題としつつも、その言動の背後にある、個人を超えたもっと大きな問題に触《ふ》れた気持ちでした。

そう考えると、心が非常にすっきりしたのです。

共感と愛語《あいご》、内省《ないせい》と献身《けんしん》

それは、高橋さんが「魂の学《がく》」を学び実践《じっせん》する中で、善我《ぜんが》の歩みを進め、「暗示の帽子」を脱いで、苦《く》・暴流《ぼうりゅう》の偽我《ぎが》を少しずつ脱《だっ》していたことを意味しています。

苦・暴流タイプの善我の歩みとはいかなるものでしょうか。

苦・暴流の善我 の受信・発信

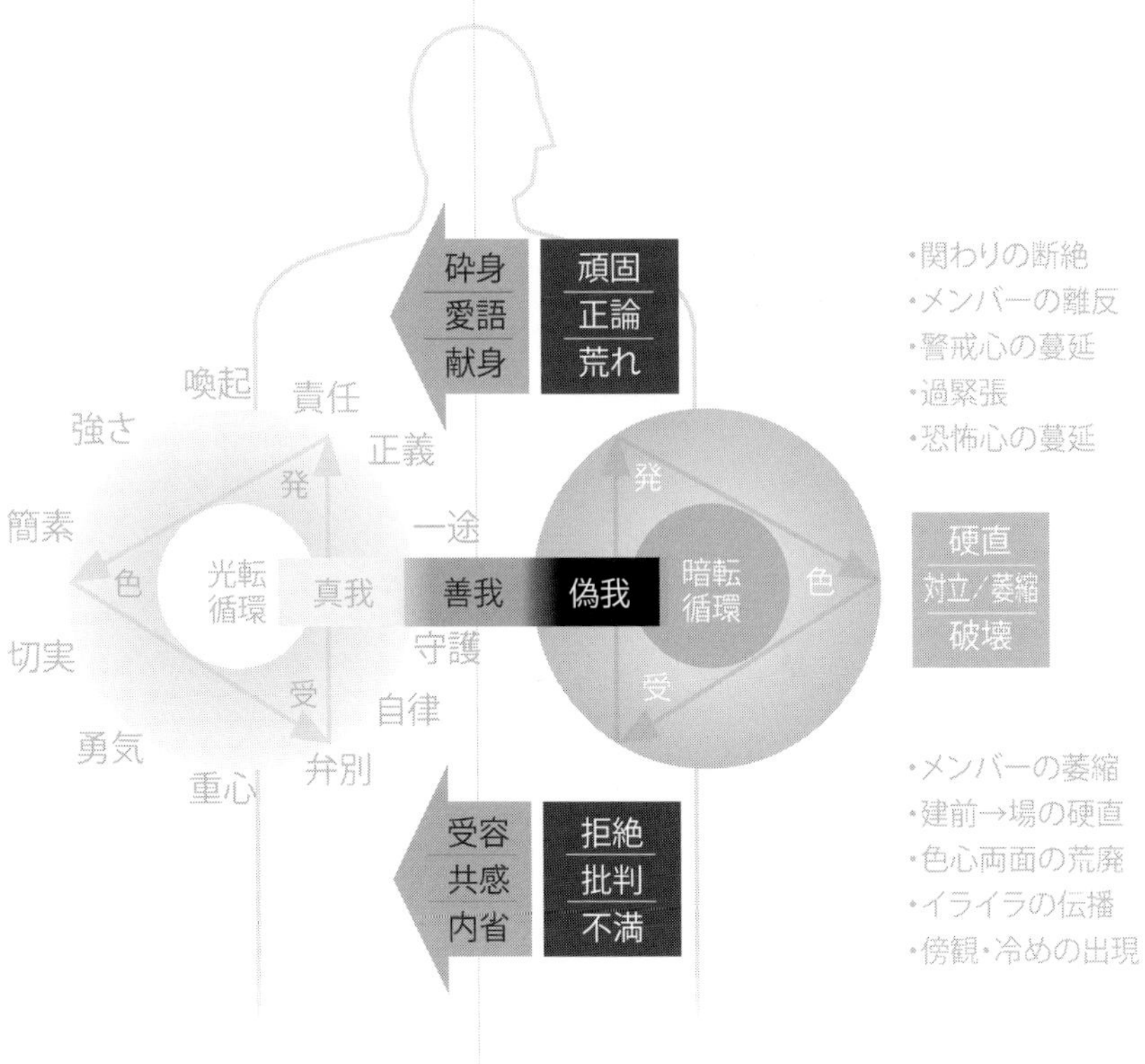

図 13

煩悩地図《ぼんのうちず》には、苦・暴流の偽我の受信を善我の受信に、偽我の発信を善我の発信に転換する善我の歩みのステップが示されています（図13）。

高橋さんの場合は、とりわけ**批判の受信を共感の受信に、正論《せいろん》の発信を愛語の発信に転換し、不満の受信を内省の受信に、荒れの発信を献身の発信に転換するという2つの受発色《じゅはっしき》の回路の転換が鍵《かぎ》となりました。**

批判を共感の受信に変えるとは、常に相手の足《た》りないところを探している受けとめ方を、相手の素晴《すば》らしいところ、長所に目を向ける受けとめ方に変えるということです。批判すべき点を見出《みいだ》すと、即座《そくざ》に、すべてが真っ黒に見えてしまうのが、苦・暴流の1つの限界です。問題や批判すべき点はあっても、他の側面はどうだろうかと、決めつけずに考えてみることが、共感への一歩です。

正論を愛語の発信に変えるとは、ぐうの音《ね》も出ないほど相手にダメ出しをする発信を、同じ人間としての敬愛《けいあい》を土台とする関わりに転換するということです。

相手の問題点を追及《ついきゅう》するあまり、理屈《りくつ》は正しくても、冷酷《れいこく》な審判者《しんぱんしゃ》になってしまうのが苦・暴流の傾向《けいこう》です。是々非々《ぜぜひひ》は貫《つらぬ》きながら、それでも、人としての友情を大切にして言葉をかけることで、本当に正したいことの意味が伝わるようになるのです。

また、不満を内省の受信に変えるとは、すぐに誰《だれ》かを責《せ》めたり被害者意識に陥《おちい》ったりする不満の受信を、「自分はどうだったろう」と自らを振り返るような受けとめ方に変えるということです。

荒れを献身の発信に変えるとは、自分の正しさを認めない相手や場を問答無用《もんどうむよう》で壊《こわ》したり、周囲を過度《かど》に緊張させたりする荒々しい言動《げんどう》を、自《みずか》らが場の一因子《いちいんし》となって支《ささ》え、周囲に尽《つ》くす言動に変えるということです。

当初、苦・暴流の宿命のままに、対立する医師への不満を募《つの》らせるばかりだった高橋さん――。しかし、「魂の学」を学び実践してきたことによって、自らの苦・暴流の偽我が起こしてきた軋轢《あつれき》を思い起こし、同じ轍《わだち》に陥ることなく、本当に大切にしたい患者さんの現実を優先し、そのことに尽《つ》くしました。

まさにそれは、不満の受信を、「自分はどうだろうか」と振り返る内省的な受けとめ方に転換する歩みであり、周囲への荒れの発信を、患者さんを第1に考えてその場に尽くす献身的な行動に転換する歩みでした。

同時に、相手の医師の立場に立ち、その状況に想いを馳《は》せ、医局の協力体制を守ることができたのです。それは、頭から批判的に受けとめるのではなく、共感をもって受けとめ、正論で糾弾《きゅうだん》するのではなく、友情と信頼《しんらい》をもって語りかける愛語の関わりに転換する歩みでした。

動き始める事態

高橋さんの心の転換が起こると、それに合わせるかのように、事態が動き始めます。まずは、眼科の医師が、Cさんの娘さんの眼底《がんてい》検査を行った結果、そこに髄膜炎《ずいまくえん》の症状《しょうじょう》があることが確認されたのです。高橋さんは、その結果を持って担当医のところへ赴《おもむ》きます。

このとき、高橋さんは、再び、病院の医師が抱《かか》えざるを得ない面子《めんつ》と恐れのことを想いました。もしここで、自分が正論を振り回し、相手の非を責《せ》め立てたらどうだろう。せっかく状況が打開の方向に動き始めたのに、すべてが水の泡《あわ》になってしまうに違いない――。

目的は、Cさんの娘さんの健康の回復であり、自分の正しさを証明することではない。そう心が定まると、不思議なことに、担当医に対する怒りは消えていました。

高橋さんは、決して相手を圧迫《あっぱく》しないように、十分な丁寧《ていねい》さと、心を尽《つ》くした誠実《せいじつ》さを持って出会ったのです。すると、担当医も事実を受け入れ、Cさんに対する対応も丁《てい》寧《ねい》なものに変わってゆきました。

本当に大切にすべきものを大切にする、この行動こそ、苦《く》・暴流《ぼうりゅう》の「勇気ある正義《せいぎ》漢《かん》」に込められた勇気というものでしょう。

まるで風向きが変わったように、事態は良い方向に向かい始めます。

地域医療連携《れんけい》室の師長《しちょう》も親身《しんみ》になって支援《しえん》してくれました。

その結果、わずか4日後に、専門の神経内科病院への転院が決まりました。

転院の翌日、高橋さんたちは、Cさんからうれしい連絡を受け取ったのです。

「神経内科での治療《ちりょう》が始まり、娘の症状がとても良くなりました。皆様に助けていただいたお陰《かげ》です。ありがとうございました」

それは、かつての高橋医師には選べなかった道であり、見ることのできなかった世界であると言っても過言《かごん》ではないでしょう。

でも、確かにその道は存在し、その世界は具現《ぐげん》されることを待っていたのです。

それは、高橋さんが、善我《ぜんが》の歩みの中で、「次の自分」(Next Self《ネクスト セルフ》)を生み出し、新たな道、新たな世界を見出《みいだ》したということです。

そして、そのような道、そのような世界と出会うのは、高橋さんだけではありません。**私たちは誰《だれ》でも、自分が選んだことのない道、見たことのない世界という可能性を常《つね》に抱《いだ》いているのです。**

始まりの志《こころざし》

ここで、高橋さんの医師としての歩みの始まりに時計の針《はり》を戻《もど》してみましょう。

高橋さんは、自治医科《じちいか》大学を卒業後、奨学金《しょうがくきん》を返済《へんさい》するために、数年間、大学が指定する病院に勤務《きんむ》しました。その期間が終わり、いよいよ自分の意志で次の病院を選ぶことになったとき、高橋さんが選んだのが、現在勤務している病院だったのです。

当時の病院は、まさに奈落《ならく》の底でした。

院長の退任に伴《ともな》い、次の院長の座を巡《めぐ》って、2つの診療科《しんりょうか》が対立。その派閥《はばつ》争いの中で、内科医12名が次々と離職《りしょく》、ついに内科医がゼロになり、2つの病棟《びょうとう》が閉鎖《へいさ》されるという異常事態。医療崩壊《ほうかい》と言っても過言《かごん》ではない状況でした。

病院は市の中核《ちゅうかく》的医療施設だったため、その混乱は、地域医療にとって大変な打撃《だげき》となります。当時、全国ニュースで報道されたほどでした。

高橋さんは、奨学金の返済を終えたとき、この病院に勤務することを願い出ました。他の複数の病院からもオファーがあったのですが、あえて困難な道を選んだのです。それは、高橋さんの中に、「この病院を何とか立て直したい。地域に貢献《こうけん》したい」といった、傷ついた病院や地域を想う志があったからです。

病院の復活

実際、この十数年を通して、病院は大きく立ち直ってゆきました。このような転換は、決して1人の力で成し遂《と》げることはできません。多くの人たちのたゆまぬ努力の積み重ねの中で、その道がつくられてゆくものです。

それでも、高橋さんの歩みがその復活に貢献《こうけん》したことは疑いようがありません。

たとえば、冒頭にお話しした診療情報管理士《しんりょうじょうほうかんりし》のAさんのことを思い出してください。

一連の事件で、最終的に事務長が更迭《こうてつ》され、多くの混乱が生まれました。

しかし、このことでAさんの人生がおかしな方向に行ってはいけない。そう考えた高橋さんは、その後も長期にわたって、Aさんの人生に寄り添《そ》ってゆかれたのです。

うれしいことに、Aさんは、診療情報管理士の指導者という最難関の資格を取得《しゅとく》しました。さらにAさんの論文が、学会で最優秀論文賞を受賞。その後、それらの功績《こうせき》が認められて、Aさんは同じ地域にある大学の教授に迎《むか》えられます。

これは、単にAさんの人生の可能性が開かれたということにとどまりません。Aさんの栄転は、病院の立て直しにとっても、なくてはならないものだったのです。

診療情報管理とは、医師が書いた診療記録や実績を踏《ふ》まえて、統計などを駆使《くし》して医療現場の質の向上をはかる仕事です。Aさんは、この仕事に邁進《まいしん》し、学会での発表に注力《ちゅうりょく》するなど、医療実践《じっせん》の実績を重ねてゆきました。

その結果、高橋さんの病院は、日本内科学会が定める教育関連病院に認定され、多くの研修医が病院に来るようになっていったのです。

さらに、病院再建の柱となったのが、内科を解散し、総合内科を新たに発足《ほっそく》させたことでした。現在、初診《しょしん》の患者さんの9割が総合内科を受診し、地域密着型病院の柱として機能しています。高橋さんは、その総合内科の部長として、病院の要職に就《つ》いています。

総合内科は、様々なタイプの医療を経験できるということもあり、研修医であふれています。2008年、内科医全員が辞職してゼロからのスタート。その後、医師は12人

医師・高橋早織さん（左）とその人生を共に振り返る著者。「瞬間湯沸かし器」と言われたほど、相手が誰であろうと怒りが止まらず、病院でもいさかいや不和が絶えなかった高橋さんだが、自らの「暗示の帽子」を見抜いた瞬間から人生は激変。「この病院を何とか立て直したい。地域に貢献したい」というもともとの願いに根ざし、新たな現実を切り開いている。

に回復し、一時は30人を超えるスタッフが勤務するほど、活気を取り戻《もど》しました。
高橋さんの病院は、それまで以上に地域に根ざした医療施設として、完全復活を遂《と》げたのです。

闘《たたか》う力

強い世界不信と他者不信を抱《かか》えている苦《く》・暴流《ぼうりゅう》の人は、これまで常《つね》に周囲と闘う人生を過ごしてきています。

いつも自分が脅《おびや》かされる状況を意識し、自分が大切にしているものが損《そこ》なわれ、守ってきたものが奪《うば》われ、築《きず》いてきたものが壊《こわ》されるのではないかと考えています。その危機意識が緊張感《きんちょうかん》をもたらします。常に最悪の事態を想定し、そうならないように闘い続けてきたということです。

目の前にある現実に違和感《いわかん》を覚えれば、異議《いぎ》を唱《とな》える。他人の目におもねることなく、貫《つらぬ》く心棒《しんぼう》を持てる。大切なものをまっすぐに大切にする。様々なことを横において、一大事のために、恐れることなく、身を砕《くだ》いてシンプルに生きることができる。

そのような生き方は、容易にできることではありません。

わが国のように、人間関係や場の流れに従《したが》うことが自然な文化の中では、とりわけ貴重な資質《ししつ》です。

私は、苦・暴流の可能性の本質は、この闘う姿勢にあると思います。

私たちが生きるこの世界において、本当に大切なものは、手軽に得《え》られるものではありません。手に入れたとしても、それが保証されるわけではありません。

また、私たちが新たな生き方をめざすとき、そこには旧来《きゅうらい》の生き方や習慣との軋轢《あつれき》が生じます。自分の内側でも、新しい生き方と慣れ親しんだ古い生き方との葛藤《かっとう》が生まれます。

そればかりでなく、**大切なものは、常にこの世界の「崩壊《ほうかい》の定《さだめ》」（187ページ参照）にさらされています。それを守るためには、闘う必要があるのです。新しい生き方を広げてゆくために、私たちは闘わなければならないのです。**

もちろんそれは、単に、周囲の人たちや自分に被害を与えている人たちと闘うということではありません。

かつての高橋さんは、荒々しいエネルギーで周囲との闘いに明け暮《く》れていました。しかし今、その闘う力を、患者さんを守るために、人々を支《ささ》える地域医療を守ってゆくために使いたいと願うようになっているのです。

闘うべき対象と闘うために、世界や他人はいつも自分から何かを奪ってゆくという思い込みを、人間も世界も光と闇《やみ》を抱《いだ》いているというあるがままの姿に書き換《か》えなければなりません。そして拒絶的《きょぜつてき》、敵対的《てきたいてき》な関係のつくり方を改めなければなりません。

つまり、「暗示《あんじ》の帽子《ぼうし》」を脱《ぬ》ぐために、善我《ぜんが》の歩みを重ねてゆく必要があるということです。


苦・暴流の傾向《けいこう》を抱く人は、自らの「不信」のシナリオを書き換《か》える善我の歩みによって、自分を超えて人間と世界への「信頼」のために、「闘う力」を捧《ささ》げることができるのです。それが、苦・暴流という傾向を与えられた魂の約束なのではないでしょうか。

真我《しんが》誕生《たんじょう》への道

善我《ぜんが》確立に努め、新たな受発色《じゅはつしき》を育《はぐ》む中で、苦《く》・暴流《ぼうりゅう》の人は、少しずつ世界と人間に対する信頼《しんらい》を取り戻《もど》してゆくことができます。**その結果、煩悩地図《ぼんのうちず》（図12、150ページ）の左側に示された、苦・暴流の真我が抱《いだ》く様々な光を現すことができるのです。**

与えられた使命を最後まで全《まっと》うする責任の力。

どんな外圧にもひるまない正義の光。

大切なもの、最終的な目的にまっすぐに突き進むことのできる一途《いちず》さ。

愛する家族や仲間、守るべき思想や立場を守護《しゅご》する力。

他に動かされるのではなく、自らが判断し行動する自律《じりつ》の力。

光と闇《やみ》、願いと欲がせめぎ合う世界の中で、ものごとの本質を見定めることのできる弁別《べんべつ》の力。

揺《ゆ》れ動く外界や周囲の雰囲気《ふんいき》に流されることなく、確かな重心となり、是々非々《ぜぜひひ》を示す勇気。

いつでも大切なことを思い出せる切実《せつじつ》さ。

求めるものに向かって余分なものをそぎ落とせる簡素《かんそ》さ。

大切なものを貫《つらぬ》ける強さ。

人々が停滞《ていたい》し、場に澱《よど》みが生まれるとき、それを一掃《いっそう》し、次元を引き上げることができる喚起《かんき》の力。

苦・暴流の人が発する怒りとイライラの闇の向こうには、これだけのまばゆい光が隠《かく》れているのです。

「最初の自分」(Initial《イニシャル》 Self《セルフ》)が現す偽我《ぎが》の自分を知り、「次の自分」(Next《ネクスト》 Self《セルフ》)をつくる善我の歩みを続ける中で、これらの光が1つ、また1つと発され、それが光の束《たば》となって辺《あた》りを照《て》らすとき、それは、「最終形の自分」(Real《リアル》 Self《セルフ》)が立ち上がり、魂の中に隠《かく》れていた真我が世界に誕生するときです。

もしあなたが「暗示《あんじ》の帽子《ぼうし》」をかぶり、偽我に埋没《まいぼつ》したままの人生を送るならば、これらの光が世界に現れることはないでしょう。

それは、あなたにとっても、世界にとっても、とても大きな損失《そんしつ》なのです。

そんな損失を放置《ほうち》してはなりません。偽我を離《はな》れ、あなたの中に眠る真我をめざして、善我を育む歩みを始める日はいつか——。紛《まぎ》れもなく今日、今がその時なのです。

コラム　苦《く》・暴流《ぼうりゅう》の「拒絶《きょぜつ》→頑固《がんこ》→硬直《こうちょく》」の回路からの脱出《だっしゅつ》

ここで、高橋早織《さおり》さんの実践《じっせん》の中で触《ふ》れることができなかった、苦・暴流の残りの代表的な回路――拒絶→頑固→硬直について、少し見ておきたいと思います。

苦・暴流の人に接していると、何気《なにげ》ない「同意」が少ないことに気づきます。

「これはこういうことですよね」と尋《たず》ねると、「いや、それはこうです……」。

よく聞けば、ほとんど同じことを言っていても、頭に「いや」がつくことが多いのです。

拒絶の受信は、まず否定から入ります。この否定は、自分が「できない」という苦《く》・衰退《すいたい》の否定とは異《こと》なり、相手の考えを否定するものです。他人の意見に不同意を示す。相手の気持ちを受け入れることを拒《こば》む。誘《さそ》われても、好意を示されても、まずは断る。心の門を閉じて受け取らないということです。まるで、相手に同意し、相手の気持ちを受け入れることは、相手に屈《くっ》することだと言わんばかりです。

こうした受発色《じゅはっしき》が生まれるには、生まれるだけの背景があると考えるべきでしょう。

愛情のない両親ではなかったものの、自分が感じていることを理解してはもらえず、ことごとく大雑把《おおざっぱ》な考え方や世間の常識で抑《おさ》え込まれてしまったことで、考え方の細部にこだわるようになった人もいるかもしれません。

もっと端的《たんてき》に、人生の生《お》い立ちや過去の人生で傷《きず》つけられ、裏切られたと刻印《こくいん》する経験があって、人間や世界を信じることができない。心を開けば、必ずそのしっぺ返しがあると思っている人もいるでしょう。だとすれば、当然、他人の考えや意見に耳を傾《かたむ》けることができず、自分の考えに固執《こしゅう》して頑固にならざるを得ません。それが頑固の発信です。

その結果、周囲には硬直した現実が現れることになります。

人間関係はむずかしくなり、ぎすぎすした気配《けはい》が現れ、ものごとが進まなくなってしまうのです。

このような偽我《ぎが》の回路に対して善我《ぜんが》を育《はぐく》むとは、拒絶の受信を受容《じゅよう》の受信に、頑固の発信を砕身《さいしん》の発信に転換するということです。

拒絶から受容への転換は、心を開いて相手を受けとめること。決めつけをせずに、話を聞いてみよう、違う視点から考えてみようという姿勢で臨《のぞ》んでみることです。

頑固から砕身への転換は、意固地《いこじ》な態度、頑《かたく》なな態度を自《みずか》ら砕《くだ》き、相手の気持ちになって考えてみることです。

大切なことは、相手と共通のベースを見出《みいだ》すこと。考え方は違っても願っていることが同じ方向ならば、その目的のために、できることはないだろうかと考えてみる。話し合ってみる。

それでもむずかしいときは、こう考えてみてください。自分も相手も同じ人間であり、相手に足《た》りない点があるとしたら、自分にもきっとある。その気持ちが受容の一歩であり、同じ人間として、相手に対する敬《うやま》いを忘れずに接してゆこうとすることが砕身の一歩になるはずです。

「自己診断チャート」(第3章)で
苦・暴流の結果が出たあなたへ——

実際に苦・暴流の偽我をよく知り、善我を育むために、
さらに以下のチェックポイントで自らのことを振り返ってみましょう。

Check!
❶高橋早織さんの実践の歩みを読んだとき、高橋さんの体験に重なって、過去の自分の体験が思い出されたことはなかったでしょうか。もしあれば、それはどのような体験ですか?

Check!
❷その体験をした自分自身に、156〜157ページの問いかけの言葉を1つ1つゆっくりと投げかけてみましょう。どのようなことが感じられるでしょうか?

Check!
❸高橋早織さんの受発色転換の実践の中で、特に強く心に残ったことは何でしょうか? それはなぜだと思われますか?

※きちんとした答えが出なくてもかまいません。
高橋さんとご自身の歩みを重ね合わせ、想いを深めてゆく中で、
必ずあなたの善我が芽生え、新たな歩みが始まるに違いありません。

第6章

快《かい》・衰退《すいたい》タイプ
——自己満足の幸福者《こうふくもの》から心優《やさ》しい癒《い》やし手へ

「まあ何とかなる」「きっと大丈夫《だいじょうぶ》」……。

予定調和の世界に生きている快《かい》・衰退《すいたい》タイプ。

しかし、その奥には――温《あたた》かさ・やさしさ・再結《さいけつ》・

癒《い》やし・浄化《じょうか》・安定・包容《ほうよう》・信頼《しんらい》・肯定《こうてい》・柔和《にゅうわ》・

受容《じゅよう》・融和《ゆうわ》といった光が輝《かがや》いている。

崩壊《ほうかい》の定《さだめ》

あなたは、こんな経験をしたことがありませんか？
数カ月先の締《し》め切《き》りまでに完成させなければならない課題がある。
最初は余裕《よゆう》を持って始めたものの、締め切りが近くなると、次第《しだい》に気持ちが圧迫《あっぱく》され、最後はギリギリになって四苦八苦《しくはっく》してしまう。

「本当は、もっとこうもできた、ああもできたのに。でも、時間がなくなってしまい、断念《だんねん》せざるを得なくなってしまった……」

次はそうならないようにと思っていても、また同じことの繰《く》り返し。

それは、私が「崩壊の定」と呼ぶ、この世界を支配する法則を十分に体得《たいとく》していないことによって起こるのです。崩壊の定とは、この世界にあるすべてのものは、そのまま放置《ほうち》すれば、無秩序《むちつじょ》、混乱、バラバラになってゆくという法則です。

志《こころざし》を共有した仲間だったのに、時が経《た》つにつれて気持ちがバラバラになり、やがてチームは空中分解。生涯《しょうがい》寄り添《そ》うことを誓《ちか》い合った夫婦の間にさえ、その力がはたらくことは少なくはありません。

身近なところで言えば、せっかく部屋を掃除《そうじ》し、整頓《せいとん》したのに、しばらく時間が経つと、再び辺《あた》り一面に物が散乱《さんらん》し、ゴミだらけ――。それが崩壊の定の現実です。

熱力学《ねつりきがく》のエントロピー増大《ぞうだい》の法則を思い浮かべる方もいらっしゃるでしょう。時間が経《た》つにつれて、熱いものはどんどん冷めてゆき、匂《にお》いや煙《けむり》は拡散《かくさん》してゆく。それが逆に進むことはないのです。

予定線と現実線のズレ

ここで、「ものごとを成就《じょうじゅ》させる力」と「その成就を妨《さまた》げる力」という2つの力を考えてみましょう。

崩壊《ほうかい》の定《さだめ》が支配するこの世界は、前者よりも後者の力がより強くはたらいています。その中で、私たちは、締《し》め切りに向かう時間の流れを条件として、課題を成就させなければなりません。

図14をご覧《らん》ください。横軸《じく》は「時間の流れ」、縦《たて》軸は課題の「達成度《たっせいど》」を示しています。

ものごとを達成するには、締め切りまでの半分の時間で達成度50％を実現すればよいと、誰《だれ》もが自然に考えるでしょう。なぜなら、時間とともに直線的に達成度が増してゆくイメージを持っているからです。そして、多くの人は、図14ａのような予定線を考え、

予定と現実

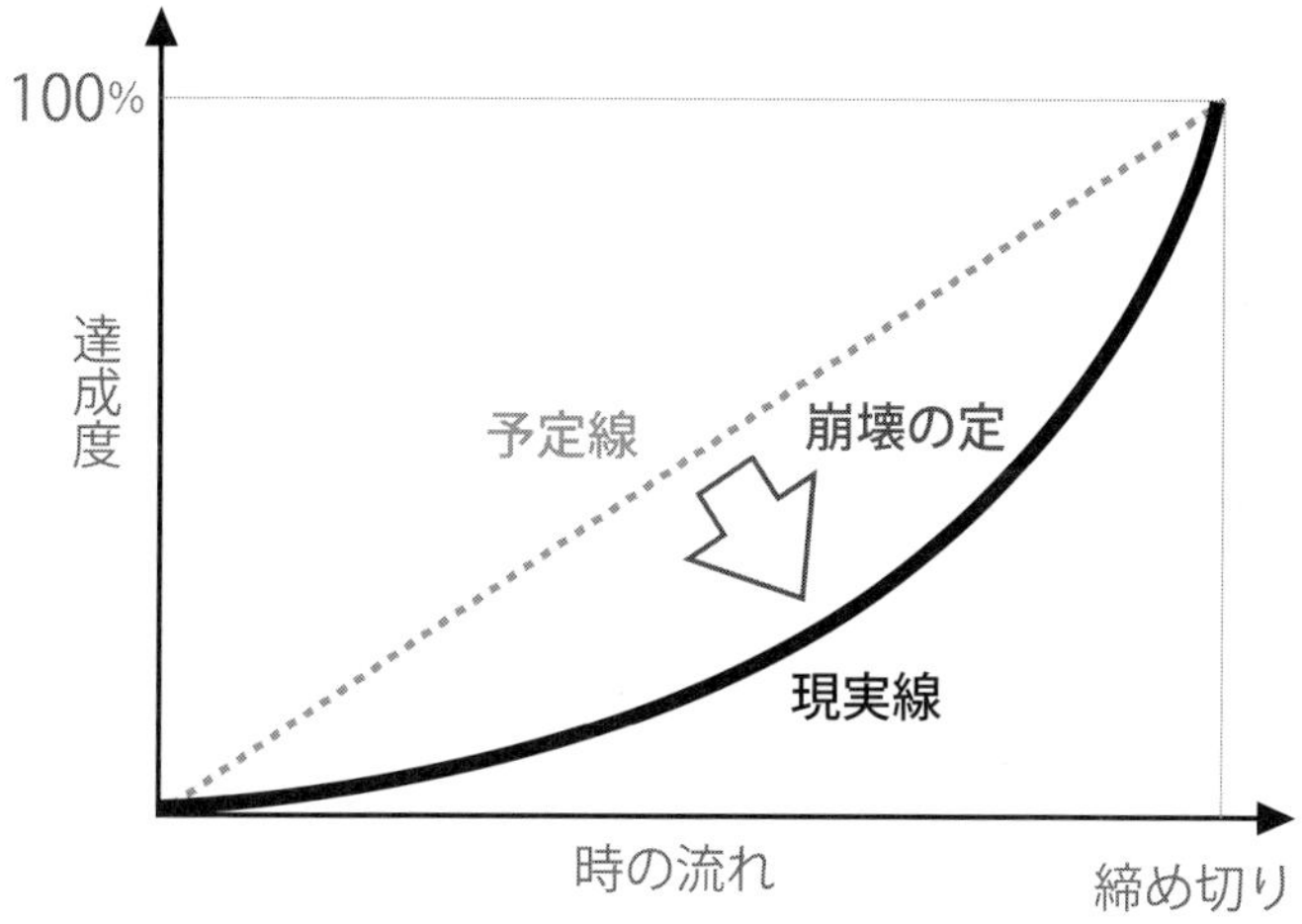

図 14a

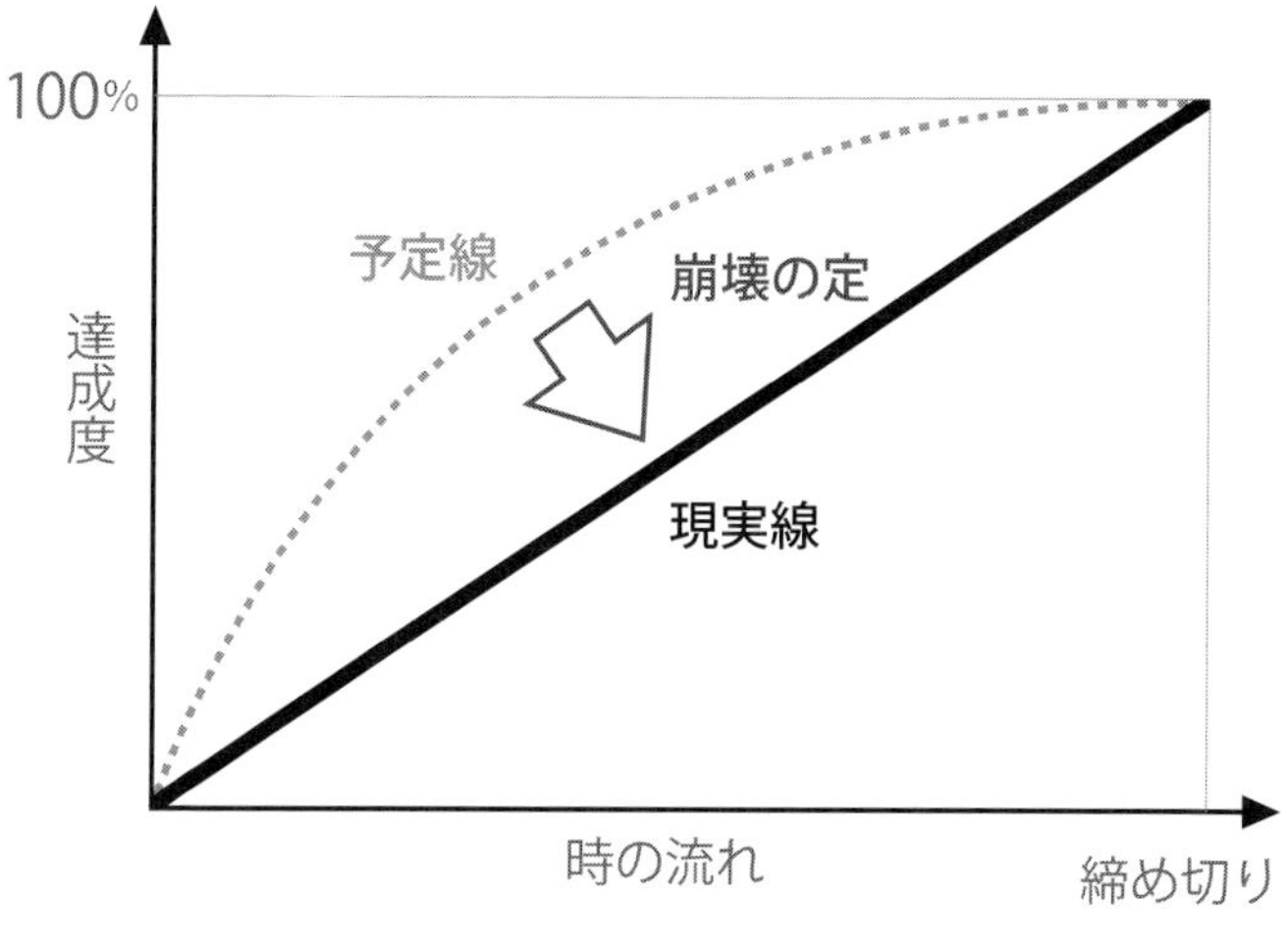

図 14b

計画を立ててしまいます。

しかし、**崩壊の定が支配するこの世界では、成就させる力よりも、成就させせない力の方が上回っています。ものごとは予定線のようには進まず、停滞《ていたい》し、遅延《ちえん》しながら、実際には、図14aの現実線のように下方《かほう》に垂《た》れ下がってくるのです。**

そのため、当初、計画していた半分の時間で半分の仕事を達成することはとてもできず、スケジュールの後半に達成曲線を持ち上げなければならなくなり、四苦八苦《しくはっく》することになるのです。私たちは、これをいつも繰《く》り返していたということです。

それは、まるで崩壊の定が私たちに仕掛《しか》けた罠《わな》のようです。

予定線を持ち上げる力

その罠《わな》から抜け出すには、何よりも図14bのような予定線を設定することです。

時の流れよりも早く、時の流れの前に進み出て計画を考えるのです。

それでも、崩壊《ほうかい》の定《さだめ》による成就《じょうじゅ》させない力によって、達成曲線は下方《かほう》に下がり、図14bの現実線のようになってゆくでしょう。しかし、この現実線をキープできれば、スケジュールの最後でも、一定の余力《よりょく》を残して課題と向かい合うことができるのです。

こうして私たちは、崩壊の定に打ち勝つことができるようになります。

もちろん、予定線を持ち上げることは、口で言うほど簡単なことではありません。そのために、強い意志の力が必要とされるからです。

快《かい》・衰退《すいたい》タイプの心の性質

本章では、快・衰退の受発色《じゅはっしき》のタイプについてお話しします。

快・衰退タイプの心を持つ人は、時の流れの前に進み出て、崩壊《ほうかい》の定《さだめ》に打ち勝つということに関して、とりわけ大きな弱点を抱《いだ》いています。

快・衰退の人は、ものごとに対して楽観的な見通しを持ち、現状を肯定的《こうていてき》に受けとめ(快)、安心することでエネルギーをセーブしてしまう(衰退)傾向《けいこう》があります。

がつがつしたところがなく、明るくのんびり。人当たりもよく、いわゆる「いい人」。一緒《いっしょ》にいるだけで、人の気持ちを和《なご》ませるようなところがあります。言うならば、「心優《やさ》しい癒《い》やし手」の横顔を持っている人です。

その一方で、現状に流されやすく、事態を低迷《ていめい》させたり、場の変化や周囲の人たちの心の動きをキャッチできずにミスを頻発《ひんぱつ》し、事態を混乱させたり、とにかく人や場に依《い》存《ぞん》したりします。現状に対する漠然《ばくぜん》とした満足と肯定が、深いところから自分を動かす力を封《ふう》じ、安穏《あんのん》や安逸《あんいつ》に流されてしまうのです。

それは、まさに「自己満足の幸福者《こうふくもの》」としか言いようのない姿です。

快《かい》・暴流《ぼうりゅう》や苦《く》・衰退《すいたい》との違い

同じ肯定的《こうていてき》な傾向《けいこう》でも、快《かい》・衰退《すいたい》は、快・暴流のように自分の欲望や影響力をどんどん拡大《かくだい》しようとするわけではありません。

そこそこの安定が手に入ればよいのです。人に認められれば安心してそこで立ち止まり、ものごとがうまくいけば、ほっとして気楽な時間を過《す》ごしたくなります。

また、同じ衰退でも、苦・衰退が心配や不安を募《つの》らせ、「ああなったらどうしよう」「こうなったらどうしよう」と次々に考えるのに対して、快・衰退は、問題が起こっても、「まあ何とかなるのではないか」「大丈夫《だいじょうぶ》、きっと誰《だれ》かが何とかしてくれる」と悠長《ゆうちょう》に構えてしまいます。

快・衰退の人は、あたかも予定調和の世界に生きているようなところがあります。予定調和とは一般に、調和されることが予定されている、安全で安心な状態のことです。

現実の世界は、崩壊《ほうかい》の定《さだめ》が支配し、風雨《ふうう》が絶《た》えなくても、快・衰退の心には、穏《おだ》やかな世界が広がっています。そこには自分に悪意を持たない人々が住んでいて、すべては少しずつよい方向に向かっているのです。

問題は、自分が快・衰退であることを自覚している人はほとんどいないということです。他のタイプと同様、気づいたときには、すでにその心の傾向《けいこう》を抱《いだ》いている。いつの間《ま》にか「暗示《あんじ》の帽子《ぼうし》」をかぶっているのです。

快《かい》・衰退《すいたい》の3つの回路

快・衰退の煩悩地図《ぼんのうちず》には、このタイプが抱《いだ》く「偽我《ぎが》」の受発色《じゅはつしき》の回路、それを脱《だっ》してゆく「善我《ぜんが》」の受信・発信、そして、その歩みの先に現れる「真我《しんが》」の光が示されています（図15）。

快・衰退に特徴的《とくちょうてき》な偽我の回路は、次の3つです。

満足→怠惰《たいだ》→停滞《ていたい》

鈍感《どんかん》→曖昧《あいまい》→混乱

依存《いぞん》→契約《けいやく》→癒着《ゆちゃく》

快・衰退の煩悩地図

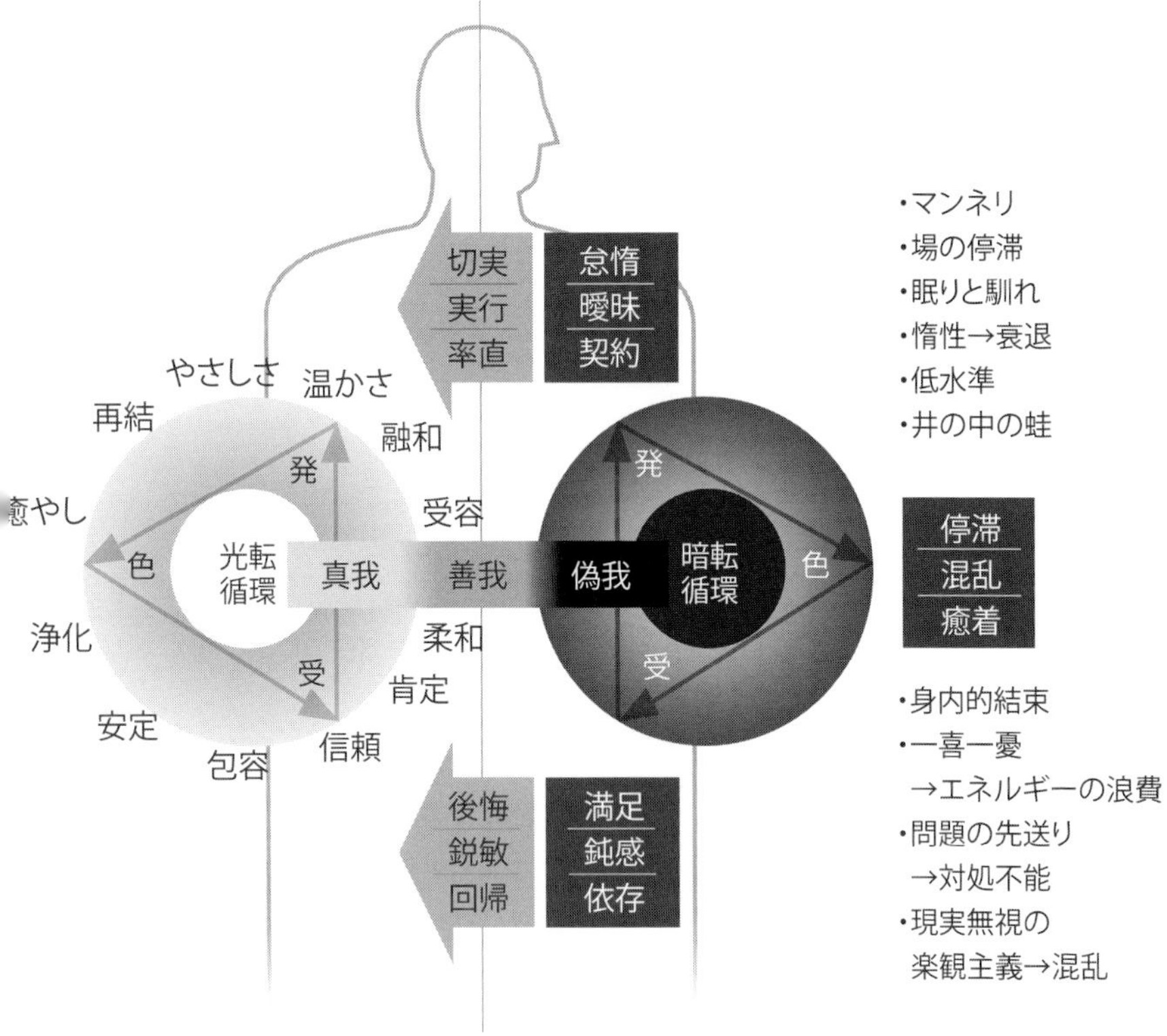

図 15

では、実際に、快・衰退の偽我埋没《まいぼつ》から善我確立への歩みを見てゆきましょう。

そのモデルは、現在、都内の大学の医学部に通《かよ》う高井信行《のぶゆき》さんです。

高井さんは、地方の公立高校受験を迎《むか》えた頃《ころ》、GLAの青年のセミナーに参加しました。それがきっかけになり、高校生になって「魂の学《がく》」を学ぶようになりました。

やがて高井さんは、小学生時代からの願い通り、医学部をめざしますが、その中で、自分を変える必要を感じてゆきます。偽我の転換がどうしても必要だったのです。

次ページは、高井さんが高校生の頃を思い起こして取り組んだ自己診断《じこしんだん》チャートの結果です。

快・衰退、とりわけ依存→契約→癒着と、満足→怠惰→停滞の2つの回路が顕著《けんちょ》に現れていることがわかります。

では、この2つの回路によって、高井さんの人生がどのように形づくられてきたのか、そこからお話を始めたいと思います。

3人の保護者

第1章で触《ふ》れたように、私たちは、周囲の人の様々な考え方や価値観を吸《す》い込むこと

高井信行さんの自己診断チャート

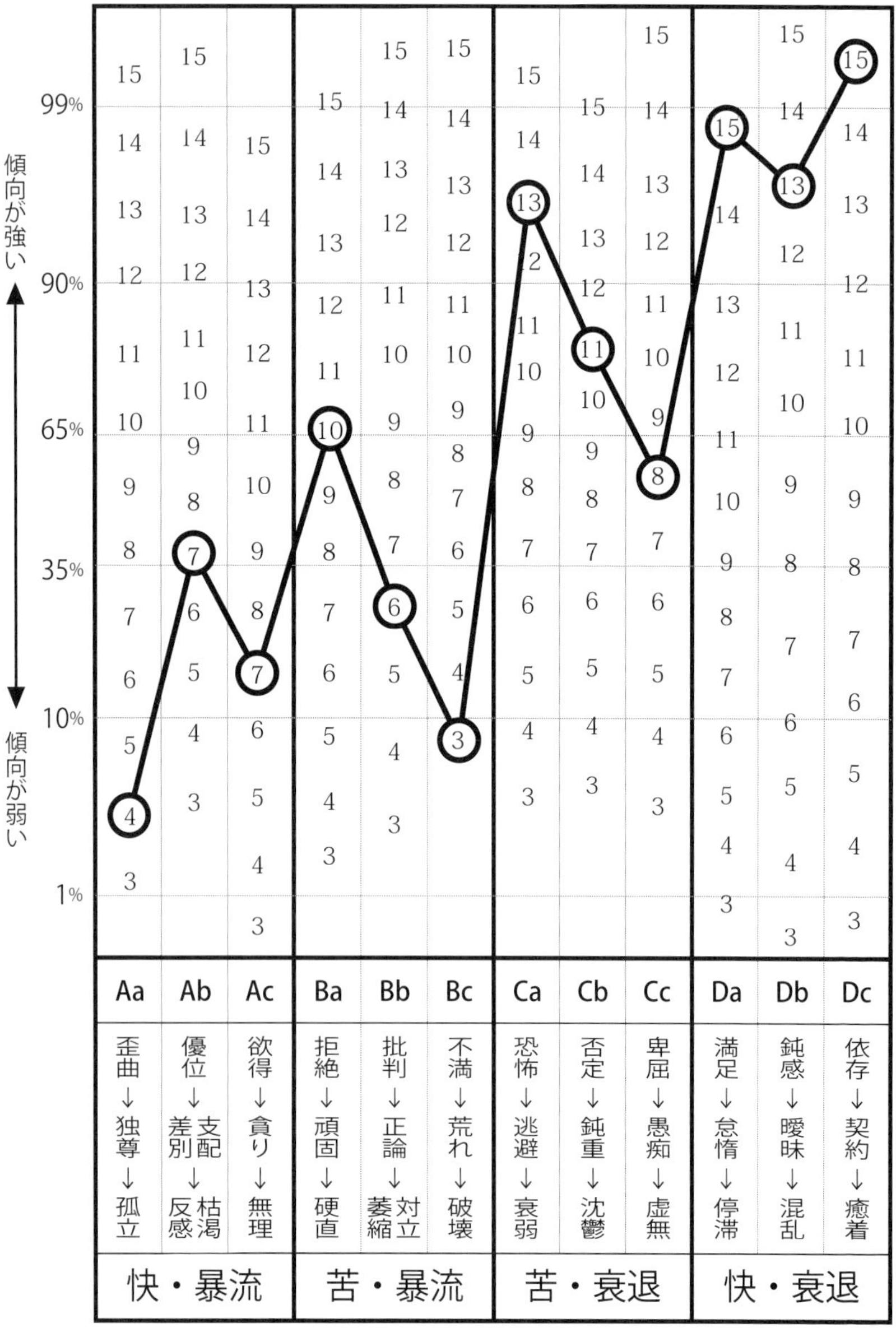

99%
90%
65%
35%
10%
1%
傾向が強い
傾向が弱い
Aa
Ab
Ac
Ba
Bb
Bc
Ca
Cb
Cc
Da
Db
Dc
歪曲↓独尊↓孤立
優位↓支配 差別↓枯渇 反感
欲得↓貪り↓無理
拒絶↓頑固↓硬直
批判↓正論↓対立 萎縮
不満↓荒れ↓破壊
恐怖↓逃避↓衰弱
否定↓鈍重↓沈鬱
卑屈↓愚痴↓虚無
満足↓怠惰↓停滞
鈍感↓曖昧↓混乱
依存↓契約↓癒着
快・暴流
苦・暴流
苦・衰退
快・衰退

によって、「最初の自分」（Initial Self《イニシャル　セルフ》）をつくってゆきます。

ですから、偽我《ぎが》の形を考えるとき、幼い頃《ころ》の人間関係、とりわけ両親や兄弟とどのような関わりがあったのかを見つめることが重要になります。

まず、母親との関わり――。高井さんにとって、母親は、困難や問題を抱《かか》えたときはすぐに助け、肩代《かたが》わりをしてくれる存在でした。ピンチのときはいつも母親が助けてくれたのです。

たとえば、学校で高井さんがからかわれたことを知ると、母親はすぐに学校に怒鳴《どな》り込む勢いで抗議《こうぎ》しました。そうしたことばかりではありません。何と、小学校、中学校時代の夏休みの課題の工作は、全部、母親がやってくれたのです。あまりの見事さに手伝ってもらったことはバレバレでした。

「あなたは勉強さえしていればいい。あとは私がやるから」

それが母親の口《くち》グセ――。

しかも、それに輪をかけて高井さんを守ってくれたのが、2人の兄でした。

母親同様、何かあるといつも矢面《やおもて》に立ってくれたのです。

中学2年で高井さんが英検を受験することになったとき、下の兄が教材の選定から購入、取り組み方の指導まで、すべてを準備してくれました。

中学3年の夏休み、英語の歌詞を訳《やく》す課題がなかなかできず、最終日になって困っていたとき、今度は上の兄が全部訳してくれました。

高校受験のときの小論文も、下の兄が親身《しんみ》になって一緒《いっしょ》に考えてくれた末、「お前はここまでやればいい。あとは俺《おれ》が何とかするから」。そう言って、最後は仕上げてくれました。一事が万事。2人の優《やさ》しい兄が代《か》わる代《が》わる助けてくれたのです。

高井さんは、兄弟喧嘩《げんか》をしたことがありません。

兄たちに反発するなどということは、とても考えられないことだったからです。

「お兄ちゃんの言うことは100パーセント正しい」

兄たちへの絶対的な信頼《しんらい》も、高井さんの「暗示《あんじ》の帽子《ぼうし》」をつくりました。

「依存《いぞん》→契約《けいやく》→癒着《ゆちゃく》」の回路

高井さんの人生には、母親と2人の兄という3人の保護者がいました。

その中でつくられた受発色《じゅはっしき》が、依存→契約→癒着です。

依存で受けとめ、契約で関わり、癒着の現実を生み出す回路です。

快《かい》・衰退《すいたい》のタイプの人にとって大切なのは、人間関係の摩擦《まさつ》や軋轢《あつれき》を避《さ》け、仲良く和《なご》やかに過《す》ごすことです。「暗示《あんじ》の帽子《ぼうし》」もそう囁《ささや》きます。

愛され、認められて育った人の人間関係は、基本的に穏《おだ》やかです。

それが快・衰退の傾向《けいこう》の母体だからこそ、その関係を自然に求めるのです。

しかし、軋轢や摩擦がなければ、すぐに安心してしまうのが快・衰退です。

基本的に、世界は自分を受け入れてくれるものであり、平和な人間関係ができていれば、そこには必ず自分を支《ささ》えてくれる人がいると思うからです。

「何とかなる」「きっと誰《だれ》かが何とかしてくれる」。そう思えるのが、依存の受信です。

依存の受信は、平和な人間関係や場を乱さないことを何よりも優先する契約の関わり（発信）を生み出します。

本来ならば、是々非々《ぜぜひひ》を明らかにすることが必要なときでも、波風《なみかぜ》を立てることを嫌《きら》い、「素直に従《したが》うから荒立《あらだ》てないでほしい」、不満があっても「お互《たが》い持ちつ持たれつで」という関わり方になってしまうのです。

重要なことは、それは決して本当の平和ではなく、安定した場でもないということ。むしろ、表面的に繕《つくろ》う癒着の現実を生み出すことになります。

本来の目的のためにではなく、一見、安定した場、一見、仲の良い関係のために多くのエネルギーが使われてしまうのです。

「依存《いぞん》→契約《けいやく》」が壊《こわ》れるとき

依存→契約→癒着《ゆちゃく》の回路は、それが順調に回っている間は、なかなか問題が顕在化《けんざいか》しません。それゆえ、そこから自由になることがむずかしいのです。

相手と依存関係にあるとき、そこには安定的な関係が築《きず》かれていて、とりたてて問題にすべきことはないからです。

依存→契約→癒着の回路の弱点は、依存の相手＝保護者がいなくなったときに顕著《けんちょ》に現れてきます。

高井さんもそうでした。庇護者《ひごしゃ》がいないと、高井さんはいつもアップセットしてしまったのです。

思い出すこともつらい、心に深く刻《きざ》まれている出来事——。

それは、中学時代、サッカー部のキャプテンに任命《にんめい》されたときのことです。そもそもキャプテンは、高井さんが自分から自発的に申し出たのではなく、ジャンケンの末、引き受けることになったものでした。

サッカー部には、先生の言うことも聞かない、やんちゃな生徒が集まっていました。高井さんは、顧問《こもん》の先生から、「キャプテンとしてちゃんとメンバーをまとめるように」と指示されますが、当時の高井さんには、まだそんな力はありません。

うまくいかないことが続くうちに、こんな想いが湧《わ》き上がってきました。

「何で自分がこんな役割を担《にな》わなければならないのか」

理不尽《りふじん》な気持ちは募《つの》るばかり。先生やメンバーに怒りをぶつけたくても、ぶつけることもできず、気持ちの持ってゆき場がなくなり、「もうこんな部活はコリゴリだ。一刻も早くやめたい」と、気持ちが切れてしまったのです。

「かけ橋セミナー」での出来事

依存《いぞん》する自分と、それができなくなったときに切れてしまう自分——。

高井さんは、自分が抱《かか》える受発色《じゅはっしき》の2面性について理解を深めてゆきます。

GLAでは、毎年、「かけ橋セミナー」（35ページ参照）という小学生から高校生とその保護者を対象としたセミナーを実施《じっし》しています。そのセミナーの運営を担当する主役

毎夏、八ヶ岳山麓で行われる「かけ橋セミナー」（親子対象、GLA主催）には、スタッフ含め総勢約2500名の方々が参加する。心と身体を使って「魂の学」を体験的に学ぶ中で、魂としての自分に目覚めてゆく子どもたちも少なくない。青年たちも、その場を支え、守り、お世話するはたらきを担いながら、自らの偽我を知り、それを乗り越え、善我を育んでゆく。

は、大学生を中心とした青年たちです。
それまで守られ、支えられ、お世話される側として生きてきた青年たちも、「かけ橋セミナー」では、自分が子どもたちを守り、支え、お世話しなければなりません。その役割を担《にな》う中で、同時に自分の偽我《ぎが》の弱点を知り、それを克服《こくふく》し、善我《ぜんが》を育んでゆくのです。毎年、多くの青年たちが「かけ橋セミナー」に参加し、研鑽《けんさん》を重ねています。

大学生になって2年目、高井さんは、初めてあるチームのリーダーを担いました。その中で、自分の内にある依存《いぞん》→契約《けいやく》→癒着《ゆちゃく》の回路と向かい合うことになったのです。

その日は、チームが発表をする大切な日でした。

チームには、高井さんの先輩《せんぱい》に当たるDさんがいて、発表の準備はDさんが中心になって進めていました。高井さんは、当然、その日の発表もDさんがするのだと思っていたのです。

しかし、当日、Dさんは突然の予定が入って発表ができなくなり、急遽《きゅうきょ》、チームリーダーの高井さんが発表を任《まか》されたのです。

ところが、発表の準備などしていなかった高井さんは、満足なプレゼンテーションを行うことはできませんでした。

すると、自分の中から、「何で俺《おれ》がこんなことをやらされなければならないんだ。Dさんがやると言っていただろう」と、Dさんに対して強い怒りが湧《わ》き上がってきたのです。

回帰《かいき》と率直《そっちょく》

高井さんは、「はっ」としました。なぜなら、その気持ちは、まさにあのサッカー部で、先生や周《まわ》りの仲間に抱《いだ》いた気持ちとまったく同じであることに気づいたからです。

高井さんはチームのリーダーであり、役割においてDさんとの軽重《けいちょう》はありませんでした。にもかかわらず、Dさんに完全に依存《いぞん》していたと思ったのです。

それ以上に高井さんにとってショックだったことは、「依存できなくなった途端《とたん》、手の平《ひら》を返したように、安定していた気持ちが壊《こわ》れて、怒りに身を任《まか》せてしまう自分」を発見したことでした。

ああ、こうやって、今まで数限りないほど、引き受けなければいけない仕事を投げ出してきてしまったんだ――。

それは、高井さんの「暗示《あんじ》の帽子《ぼうし》」に最初の亀裂《きれつ》が入った瞬間《しゅんかん》――。

大きな始まりの一歩となったのです。

煩悩地図《ぼんのうちず》には、快《かい》・衰退《すいたい》の偽我《ぎが》の受発色《じゅはつしき》に対して、それを乗り越えてゆく善我《ぜんが》の歩みが示されています（図16）。

依存《いぞん》→契約《けいやく》→癒着《ゆちゃく》に関しては、依存の受信を回帰の受信に、契約の発信を率直の発信に転換するというものです。

このとき、高井さんに訪れていたものこそ、依存に対する回帰の感性であり、契約に対する率直な所作《しょさ》にほかなりません。

依存を回帰の受信に変えるとは、すぐに頼《たよ》りになりそうな人に依存して安心するのではなく、自分自身が本当に大切にすべきこと、守るべきことに立ち戻《もど》って、事態を受けとめるということです。

回帰とは、もともとの場所に戻るという意味です。最初の願いや目的、初心、初志《しょし》――私たちが本当に見失ってはならない原点を思い出すことがその核心《かくしん》です。

そして、契約を率直の発信に変えるとは、取引のように相手や場と契約して踏《ふ》み込まない関係をつくるのではなく、本当に自分が感じていること、想っていることを率直に

快・衰退の善我 の受信・発信

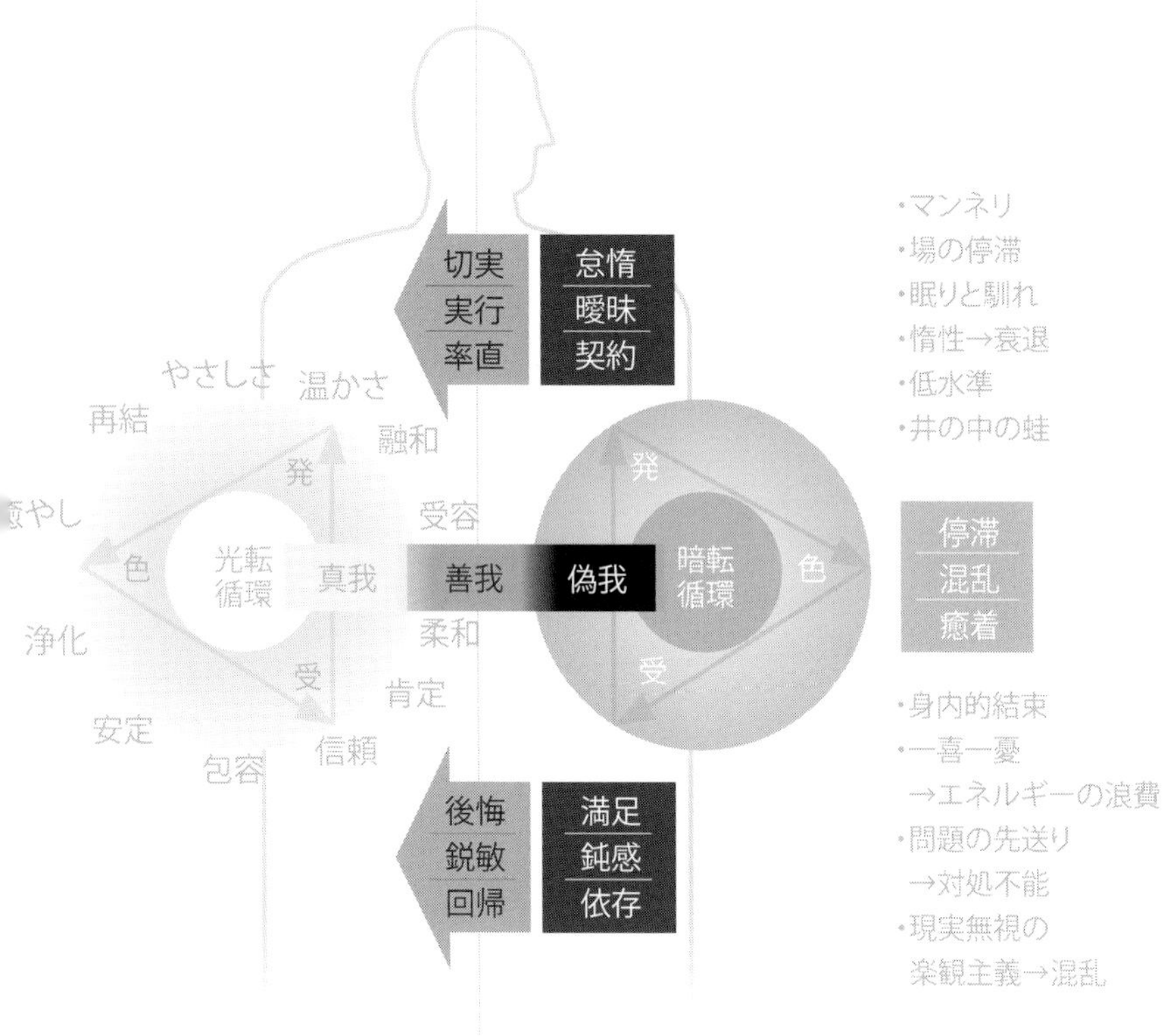

図 16

相手や場に伝えることです。

契約の関わりは、うわべだけ繕《つくろ》って、うまくいっているように見せるようなものです。「認めてくれたら、私も頑張《がんば》る」「自分もこれ以上言わないから、あなたもそれ以上私に踏《ふ》み込まないで」という感じです。

一見、仲よく見えても、実は本当の信頼《しんらい》はなく、心から共鳴《きょうめい》しているわけでもない。そのような関係のまま、大切な事柄《ことがら》を進めることができるでしょうか。

このとき、高井さんは、これまで頼りにできる人たちに依存し、いつも自分を安全地帯に置いてきたこと、そしてそれが壊《こわ》れた途端《とたん》、わがままな子どものように他を責《せ》めてしまうこと、圧迫の中で自分のことばかりにエネルギーを使っていたことを発見しました。そして、立ち還《かえ》るべきもともとの目的や願いがあったことを思い出したのです。

「満足→怠惰《たいだ》→停滞《ていたい》」の回路

そして、もう1つ、高井さんの偽我《ぎが》がつくり出していた受発色《じゅはつしき》は、満足→怠惰→停滞の回路です。満足で受けとめ、怠惰で関わり、停滞の現実を生み出してしまいます。

満足の受信は、現状に対して「まあまあ」「だいたいよいのではないか」と基本的に

ＯＫと受けとめます。高望みをせず、不満を持たず、現状維持《いじ》で問題ない。ＯＫの範囲《はんい》がかなり広いのです。そして、取り立てて何かしなくても、まあ、このままでよい。それが怠惰の発信の基本になります。

快・衰退は、常《つね》にそのような楽な状態にとどまっていたいのです。一仕事《ひとしごと》したら、一《ひと》休みしたい。忙しい日が続いたら、早くほっとしたい。のんびりゆったりしたい。それが幸せであり、エネルギーはすぐに省力化《しょうりょくか》され、出し惜《お》しみされてしまいます。

その結果、周囲には、いつもと同じ変わりない現実が現れ、マンネリズムが生じます。

考えてみてください。冒頭にお話ししたように、私たちが生きる世界は「崩壊《ほうかい》の定《さだめ》」に支配されています。何もしなければ、それだけで崩《くず》れ去ってゆく世界なのです。

よりよく、より前に進め、より深くしてゆく努力をしなければ、今の水準を保《たも》つことすらできません。その改善、前進、深化を放棄《ほうき》すれば、たちまち停滞の現実が現れます。エネルギーは流れを失い、澱《よど》み、濁《にご》ってしまうのです。

受験失敗の繰《く》り返し

高井さんのこれまでの人生で、満足→怠惰《たいだ》→停滞《ていたい》の回路が顕著《けんちょ》に現れたのが、受験の

ときでした。

現在、高井さんは、医学部に通《かよ》う大学生です。小学校4年のとき、すでに医師になる志を立てました。しかし、その志とは裏腹《うらはら》に、満足→怠惰→停滞の受発色《じゅはっしき》が、志挫折《ざせつ》の学生時代をつくっていたのです。

小学校高学年になり、進学のことが話題に上ると、医学部に行くならば中高一貫《いっかん》がよいということで、高井さんは中学受験をめざします。

勉強に対する態度も変わり、成績も上がりました。

しかし、少し成績がよくなると、大《たい》した根拠《こんきょ》もなく、「いけるじゃん」。すぐに安心してしまう快《かい》・衰退《すいたい》の回路が動き出しました。勉強は長続きせず、成績は伸び悩み、目標とする中学受験は断念。公立中学へ進学することになりました。高校時代も、医師になる気持ちは揺《ゆ》るがなかったものの、その志は空回《からまわ》りするばかりでした。

大学受験1年目は、3つの医学部を受験し、すべて不合格。

2年目は、4つの医学部を受験し、すべて不合格。

3年目は、「もうこれで最後にしよう」——背水《はいすい》の陣《じん》を敷《し》いた気持ちになっていました。

それでも成績は振《ふ》るわず、8月の模擬《もぎ》試験でE判定（合格の可能性20％未満）という最悪の結果だったのです。その頃《ころ》、高井さんはあまりのストレスのために、全身にアトピー症状《しょうじょう》が現れたほどでした。

満足で受けとめ、怠惰で関わり、停滞の現実を生み出す回路は、自分で心のエネルギーをつくり出せません。いわば、内なるエネルギー発電装置《そうち》を持っていないのです。

崩壊《ほうかい》の定《さだめ》に打ち勝つには、図14b（189ページ）に示したように、予定線を上方向に持ち上げなければなりません。そのために、内なるエネルギー発電装置が必要になります。

しかし、満足→怠惰→停滞の回路がつくられていると、この予定線を持ち上げることはできず、結局、崩壊の定に負けてしまいます。

高井さんの人生の繰り返しは、その結果として現れたものだったのです。

善我《ぜんが》確立への道

「今年で最後——」。そんな気持ちでも、なかなか成果が上がらず悶々《もんもん》としていた頃《ころ》、高井さんは、GLAの青年のセミナーで私と出会うことになりました。

そのとき私は、高井さんたち青年に、かつて私自身が大学生だったときに掲《かか》げた志と願いを、心を込《こ》めてお伝えしたのです。

それは、私の歩みの原点――。亡《な》き父の後を継《つ》いで、新たなＧＬＡの歩みをどのように進めてゆくのかを内外《ないがい》に示した私自身の宣言でした。

当時19歳の私は、まだ何も成し遂《と》げていない大学生でした。

しかし、それでも、魂に刻《きざ》まれた約束の絆《きずな》を信じて、時代と社会、そこに生きる人々に、これまでにない新たな歩みを起こしてゆこうと訴《うった》えたのです。

その根底にあったのは、私の魂が直観《ちょっかん》した、やがて訪《おとず》れる、行き過ぎた物質主義の時代へのやむにやまれぬ想いでした。

――何もしなければ、魂の輝《かがや》きも、内なる心の尊厳《そんげん》も、目に見えない次元の叡智《えいち》も、すべてが脅《おびや》かされ、軽《かろ》んじられ、いつしか忘れ去られてしまう。たとえ時代の流れであろうと、それに抗《あらが》い、魂を取り戻《もど》す新たな生き方を示さなければならない――。

当時、未来は何の保証もなく、確約もありませんでした。

実際、多くの試練が襲《おそ》いかかり、険《けわ》しい道のりとなりました。

しかし、私の宣言に共鳴《きょうめい》して、歩みを共にしてくれた数多くの人たちがいたのです。

たった１人の想いと言葉、志と願いが発火点《はっかてん》となり、約40年の歳月《さいげつ》をかけて、現在の

ＧＬＡをつくり、「魂の学《がく》」の研鑽《けんさん》と実践《じっせん》の実体を生み出す原動力《げんどうりょく》になったことは確かだと思っています。

その言魂《ことだま》をもう一度、青年たちの胸にまっすぐにぶつけ、私は、彼らの魂の中に息《いき》づく力を引き出したいと思ったのです。そのとき、高井さんも多くの青年たちも、人間が抱《いだ》く志と願いの力を改めて感じてくれたのだと思います。

高井さんは、この出会いをきっかけに、「何があっても絶対に道を切り開くんだ！」と、もともとの志を立て直しました。

それは、生まれ育ちの中でつくられた偽我《ぎが》の「最初の自分」(Initial Self《イニシャル セルフ》)のまま生きるのではなく、それを脱《だっ》してゆく歩みの始まり――。「暗示《あんじ》の帽子《ぼうし》」を脱《ぬ》いで、「次の自分」(Next Self《ネクスト セルフ》)をつくろうとする「善我」の歩みにほかなりません。

しかし、高井さんの偽我がつくり出す習慣力――満足→怠惰《たいだ》→停滞《ていたい》の回路から脱出《だっしゅつ》することは、並大抵《なみたいてい》のことではありません。それは、長い時間の中で、心の基底《きてい》にべったりと張りつき、あまりに自然な心のはたらきになっていたからです。

高井さんは、多くの大学生の先輩たちの励《はげ》ましも得《え》て、これまでにない情熱をもって、自らの心の変革《へんかく》に向かいます。

後悔《こうかい》と切実《せつじつ》

煩悩地図《ぼんのうちず》が教えるように、満足→怠惰《たいだ》→停滞《ていたい》の回路から脱《だっ》してゆくためには、満足の受信に対して後悔の受けとめ、怠惰の発信に対して切実な行いがどうしても必要です。

一般的には「後悔」という言葉はあまりよい意味では使われません。後悔ばかりして現実を生きることができない場合があるからです。しかし、**「魂の学《がく》」において、本当に後悔することは、その奥にある願いを引き出す意味で極《きわ》めて大切です。**

満足の受信を後悔の受信に変えるとは、「まあいいか」「こんなものでしょう」「大丈夫《だいじょうぶ》、大丈夫」とすぐに満足するのではなく、1つ1つの出来事に対して「本当にこれでよかったのか」「もっとできることがあったのではないか」と、自分が本当に願っていたことを基《もとい》に振り返ってみることです。

どんなに努力しても、100パーセントの完璧《かんぺき》を実現することはできません。「まあよかった」「うまくいった」と感じても、「本当はこうしたかった」「これができればもっとよかった」と思う点が必ずあるはずです。自分が描いた目標や、本当に願っていることが明確になればなるほど、心からの後悔が生まれるのです。

また、怠惰の発信を切実の発信に変えるとは、すぐに「面倒《めんどう》くさい」「あとでやればいいか」と鈍化《どんか》してしまう行動を転換し、事態に対して切実に、真剣に、切なる想いを持って関わるということです。

しかし、ただ切実に取り組もうと思っても、すぐにできるわけではないでしょう。私たちが切実に取り組もうとするのは、どうしても果《は》たしたいことがあるときです。**満足を後悔の受信に転換するためには、自分が本当に願う状態を明らかにする必要があるのです。**

まず、高井さんは、とりわけ「後悔」ということについて、それまで考えたこともない新しい智慧《ちえ》を育《はぐ》んでゆくことになりました。

高井さんは、拙著《せっちょ》『新・祈りのみち』（三宝出版）の中の「後悔しても意味がないと思うとき」の一節、「あなたの想いはこうなっていないか」と問いかけてくる部分を読んで、ハッとします。

「嫌《いや》なことは忘れて、前向きに生きることだ」

「とにかくポジティブシンキング（積極思考）でいかなくちゃ」

講演の中で高井信行さん（左）をステージに呼び、その実践を紐解いてゆく著者。生い立ちから母親と2人の兄に完全に守られ、依存と契約、満足と怠惰に支配された心をつくらざるを得なかった高井さん。しかし、過去に対する後悔を未来のエネルギーに転換してゆく心の力を身につけ、今、さらなる実践の深みへとチャレンジしている。

まったくこの通りだった。自分がこれまでやってきたのは、まさにこの間違ったポジティブシンキングだった！　驚《おどろ》きとともに、深い得心《とくしん》がもたらされました。

快《かい》・衰退《すいたい》の人にとって大切なことは、前向きに生きることと過去を無視《むし》することは、まったく異《こと》なるものであることを深く受けとめることです。

過去を切実に受けとめること。未来に前向きに生きること。この2つは一体です。

さらに『新・祈りのみち』の一節――

「後悔することは大切なことです。なぜなら、後悔の念は、私たちがその過去の現実に、学ぶべき何かをすでに感じ取っている証《あかし》だからです。後悔は、その懐《ふところ》に新たな願いを抱《いだ》いているのです。

あなたの過去は、ただ過去の中にあるのではなく、あなたの現在と、そして未来に深く結びついていることを想ってください」

高井さんは、過去に対する後悔を、未来のエネルギーに転換してゆく心の力を身につけてゆきます。それに伴《ともな》って、勉強への態度も具体的な方法も、それまでとはまったく変わり、成績も驚くほど飛躍《ひやく》します。医学部合格には90％以上の点数が必要なセンター試験の結果は、1年目が55％、2年目が75％だったのに対して、この年は91％でした。

その結果、受験した3つの医学部すべてに合格することができたのです。

信頼《しんらい》する力

ここまで、高井さんの人生を振り返る中で、快《かい》・衰退《すいたい》の偽我《ぎが》の性質と、それを超《こ》えてゆく善我《ぜんが》について見つめてきました。

では、善我が確立され、時満ちたその先に真我《しんが》が現れてきたとき、本体である魂はどのような力を示すのでしょうか。

快・衰退の人が可能性として秘《ひ》めている、人や世界への信頼は、偽我の段階にあるとき、侮《あなど》りや過信《かしん》に姿を変えてしまいますが、真我に近づくほど純粋な光を放《はな》ち始めます。

その信頼は、自分を認めてくれることと引き替《か》えの信頼ではありません。自分は認められなくても、その信頼は変わることがないのです。

つまり、快・衰退の人の中には、根底《こんてい》の信頼に基づく世界観、人間観が息《いき》づいているのです。それは、ある意味で恵《めぐ》まれたもの、与えられた恩恵《おんけい》と言えます。そしてだからこそ、自分のためだけに与えられたものではないと考えていただきたいのです。

この「信頼する力」こそ、快・衰退の人が世界に捧《ささ》げるべきものだと私は思います。

競争原理や排他的《はいたてき》な信条《しんじょう》によって、互いの刃《やいば》を研《と》ぎ澄《す》まさざるを得《え》ない世界に私たちは生きています。人と人の出会いは、即《そく》、争いや軋轢《あつれき》を生じさせ、不信感を募《つの》らせかねません。そのような世界だからこそ、その信頼の感覚が輝《かがや》くのです。

もちろん、信頼の感覚が、快・衰退の鈍感《どんかん》さ、曖昧《あいまい》さゆえのものだとしたら、あるいは、依存《いぞん》と契約《けいやく》に覆《おお》われるようなものなら、何の力も発揮《はっき》することはできません。

しかし、もし快・衰退の人が受発色《じゅはつしき》を転換した上で、信頼の感覚を保持《ほじ》していたら、どうでしょう。それは、共にいる人たちに大きな力をもたらします。絆《きずな》と友情、深いコミュニケーションという、本質的な創造のための土台が生まれるのです。

高井さんの中にも、この可能性のかけらが秘《ひ》められています。人生の未来に果《は》たさなければならないことを成就《じょうじゅ》するためには、この力が必要になります。

相手を盲信《もうしん》することなく、可能性と制約を見きわめたうえで、その関わりが発揮《はっき》すべき本来の力を信じることができる力です。

世界に満ちている様々な争いや軋轢に対しても、その絆によって、まったく新たな未来を開くことができる――。逆に言えば、快・衰退の人には、その未来創造の土台に寄《き》与《よ》する責任があるということなのです。

真我《しんが》誕生の予感

この信頼《しんらい》する力をはじめ、快《かい》・衰退《すいたい》の真我が放《はな》つ光とは、どのようなものでしょうか。
そこにいるだけでにじみ出てくる温《あたた》かさ。
どんな人にも差別がないやさしさ。
こじれていた関わりやぎくしゃくした事態を結び直す再結《さいけつ》の力。
心に抱《かか》える傷や空洞《くうどう》、寂《さび》しさを知らず知らず癒《い》やす力。
邪悪《じゃあく》や禍々《まがまが》しさを消してしまう浄化《じょうか》の力。
変わることのない安定感。
違いや異質を受け入れる包容《ほうよう》の力。
世界と人間に対する揺《ゆ》るぎない信頼の力。
すべての人をあるがままに肯定《こうてい》できる力。
とげとげしさや荒々しさを包み込む柔和《にゅうわ》さ。

あらゆる人や事態を受け入れる受容《じゅよう》の力。

対立する人やものを結び合う融和《ゆうわ》の力。

どこか曖昧《あいまい》で頼《たよ》りにできそうにない快・衰退の人が、善我《ぜんが》を育《はぐく》んだ末、これだけの可能性と光を発することができるのです。

今、高井さんは、「最初の自分」(Initial Self《イニシャル セルフ》)――偽我《ぎが》の弱点を発見し、善我を育むその入口に立ったところです。

これから、善我の力を強めて、「次の自分」(Next Self《ネクスト セルフ》)をしっかりとつくり、揺《ゆ》れ戻《もど》しのない善我確立をめざしてゆかなければなりません。ここに触《ふ》れた真我の光を発するためには、まだ長い時間をかけて、実践《じっせん》を積み重ねる必要があります。

高井さんの偽我がつくり出していた人生の限界――それは大変に厳《きび》しいものがあったと言わざるを得《え》ません。しかし同時に、彼の中に生き続けた、医師となることへのまっすぐな志と、警戒心《けいかいしん》がなく、屈託《くったく》のない素直な心根《こころね》に、私は、その人生にやがて現れるであろう真我誕生の兆《きざ》しを思わずにはいられないのです。

高井さんが医師となる志を抱《いだ》いたのは、父親から渡された1冊の本――『人間釈迦《しゃか》』(高橋信次著、三宝出版)がきっかけでした。

その本の中で、お釈迦様が半身不随《ふずい》の老婆《ろうば》に光を入れ、治療《ちりょう》を施《ほどこ》している場面に触れたとき、それまで経験したことのない深い畏敬《いけい》と感動に満たされたのです。

なぜそんな気持ちになったのか。本人にも、その理由はわかりません。ましてや第三者が彼の人生を振り返り、生《お》い立ちの中にその理由を探しても、答えは見つかることはないと思います。

しかし、その想いが、紆余曲折《うよきょくせつ》を繰《く》り返しながらも、その後10年にわたって彼を動かし続けたということは、紛《まぎ》れもない事実です。**その想いこそ、この世界に生を享《う》け、高井信行《のぶゆき》となる以前の彼の魂が抱いた願いなのです。**

そのことを思うとき、私は、彼の真我——「最終形の自分」(Real《リアル》 Self《セルフ》)がこの世界に誕生するその日を、今や遅しと心待ちにせざるを得なくなるのです。

コラム　快《かい》・衰退《すいたい》の「鈍感《どんかん》→曖昧《あいまい》→混乱《こんらん》」の回路からの脱出《だっしゅつ》

本章の高井信行《のぶゆき》さんの実践《じっせん》の中で言及《げんきゅう》することができなかった、快・衰退の代表的な回路の残りの1つ、鈍感→曖昧→混乱の転換について、ここで触《ふ》れておきたいと思います。

「快・衰退」の人は、おおむね人生で受け入れられてきた過去を抱《いだ》いています。愛され、大切にされ、ときには甘《あま》やかされ、自分が認められることが当たり前。「人や世界は自分の味方」であり、基本的に安心は与えられるもの。ですから、周囲の人たちの心の変化や状況の変化に敏感《びんかん》にならなくても、「問題なし」。つまり、そのままでは鈍感の受信にならざるを得《え》ないのです。

鈍感の受信から出てくるのは、方針も狙《ねら》いも曖昧な発信です。もし、愛され認められるために、何かを達成することが必要なら、その発信は曖昧なものにはなり得ません。しかし、自分の立場や意見をはっきりさせないで済《す》んできたのが、「快・衰退」の人たちです。エネルギーを出す必要もなく、出してもだらだらした出方になってしまいます。

そんな曖昧な言動を繰《く》り返していたらどうでしょう。周囲には戸惑《とまど》いがあふれます。その場の責任を担《にな》う人なら、なおさらです。様々な衝突《しょうとつ》が生じ、コミュニケーションのミスが頻発《ひんぱつ》し、混乱の現実が現れます。本来1つにまとまって目的に注《そそ》がれるべきエネルギーは、方向性を見失い、乱反射《らんはんしゃ》して浪費《ろうひ》されてしまうのです。

このような偽我《ぎが》の回路に対して、善我《ぜんが》を育《はぐく》んでゆく歩みは、鈍感の受信を鋭敏《えいびん》の受信に、曖昧の発信を実行の発信に転換してゆくことです。

鈍感の受信を鋭敏の受信に変えるとは、人や世界は自分を受け入れてくれるという漠然《ばくぜん》とした安心感を砕《くだ》いて、常《つね》に変化し続ける事態や人間関係の機微《きび》に心を配るということです。

問題は、多くの場合、鋭敏の受信が本当に必要だと感じていない点です。それを覆《くつがえ》す、もっとも確かな方法は、安心感を与えてくれる安全地帯を出てみること。たとえば、独《ひと》り暮《ぐ》らしを始めるなど、思い切って環境を変えてみることです。そうすれば、崩壊《ほうかい》の定《さだめ》がいかに私たちの現実を脅《おびや》かしているのか。その中で、鈍感であることがいかに危険なことか――。そのことが見えてきて、自ずと鋭敏の受信を求めるようになるはずです。

そこまでの選択《せんたく》がむずかしいときは、自分1人で、仕事、勉強、家庭の問題の改善など、テーマを決めて、最初から最後まで果《は》たすことに取り組んでみることです。そうすれば、私たちは鈍感ではいられない要請《ようせい》を次々に受け、鋭敏さを求められることになるでしょう。

曖昧の発信を実行の発信に変えるとは、物事を明確にせず、曖昧にやり過《す》ごそうとする姿勢を転換し、明らかな方針を持って必ず実行することを心がけることです。

言葉で想ったり考えたりしているときは、曖昧さを抱《かか》えていても、それが問題になることはまずありません。でも、現実に実行し、具体的に生きようとしたら、曖昧であることは許されません。具体的な取り組みならば、必ず明確な方針や方法が要請されることになるからです。

「自己診断チャート」（第3章）で
快・衰退の結果が出たあなたへ――

実際に快・衰退の偽我をよく知り、善我を育むために、
さらに以下のチェックポイントで自らのことを振り返ってみましょう。

Check!
❶高井信行さんの最初の自分（偽我）が起こした出来事の数々の中で、どのようなことが印象に残ったでしょうか？　もし、高井さんと似たような体験があれば、以下に記してみましょう。

Check!
❷その体験を心に置きながら、216ページの『新・祈りのみち』の一節を深く心に問いかけてみてください。どのようなことが感じられるでしょうか？

Check!
❸高井信行さんの受発色転換の実践の中で、特に強く心に残ったことは何でしょうか？　それはなぜだと思われますか？

※きちんとした答えが出なくてもかまいません。
高井さんとご自身の歩みを重ね合わせ、想いを深めてゆく中で、
必ずあなたの善我が芽生え、新たな歩みが始まるに違いありません。

第7章

快《かい》・暴流《ぼうりゅう》タイプ
——独《ひと》りよがりの自信家から飽《あ》くなき挑戦者《ちょうせんしゃ》へ

人の意見を聞かず「イケイケドンドン」と

自分の考えで突き進む快《かい》・暴流《ぼうりゅう》タイプ。

しかし、その奥には――明るさ・エネルギー・

ヴィジョン・超越《ちょうえつ》・自由・希望・意欲・元気・

創造・開拓《かいたく》・飛躍《ひやく》・産出《さんしゅつ》といった光が輝《かがや》いている。

本当に望ましいパーソナリティ？

本章で取り上げる快《かい》・暴流《ぼうりゅう》タイプの人は、明るく前向きで、何ごとに対しても積極的です。リーダーシップがあり、周《まわ》りの人たちをぐいぐい引っ張ってゆく力を持っています。新しいアイデアを生み出し、それを現実にする実行力を備えていることも少なくありません。

実際、会社の経営者、政治家、芸術家には、こうした特性がある快・暴流タイプの人が多いのです。

また、映画や小説で描かれるヒーローのプロトタイプも、この快・暴流に通じるところがあります。

一般に、このような心の特性は、望ましいパーソナリティと捉《とら》えられていると言っても過言《かごん》ではないでしょう。自己啓発《じこけいはつ》の本でも、苦《く》・衰退《すいたい》や苦《く》・暴流《ぼうりゅう》のような傾向《けいこう》から、快《かい》・暴流《ぼうりゅう》へと心を修正することこそが、心の成長であると捉えているものが少なくありません。

しかし、ここで心にとどめなければならないことは、快・暴流の心が持つ負《ふ》の側面についてです。

ポジティブシンキング

そのことを考えるために、ここで、多くの自己啓発《じこけいはつ》の本で紹介されている「ポジティブシンキング」について触《ふ》れておきたいと思います。ポジティブシンキングとは、端的《たんてき》に言えば、「どんなことでも前向きに考えることが大切。そうすれば、ものごとはうまくいき、人生もよい方向に向かってゆく」という思考法であり、心のあり方です。

しかし、私が本書の中で伝えようとしている自《みずか》らの心に向かう態度とポジティブシンキングは、まったく異《こと》なるものです。

どう違うのかは、この章を読まれ、快《かい》・暴流《ぼうりゅう》の心の特性を知っていただければ、深くご理解いただけると思います。

快・暴流の心を考えてみるならば、それは、「自分は誰《だれ》よりも優《すぐ》れ、すべてわかっているし、何でもできる」という究極《きゅうきょく》のポジティブシンキングかもしれません。

実際、アメリカのある心理学者はこんな言葉を残しています。

「私たちはどんな法則にも従《したが》う必要はない。自分で法則をつくるのだ」

しかし、望ましい現実を生み出そうとするならば、私たちは世界の法則に従わなければなりません。

私が「指導原理《しどうげんり》」（万物《ばんぶつ》を生かし育《はぐく》み、その個性が輝《かがや》くように、存在の本質を顕《あら》わにさせる宇宙に遍在《へんざい》する力）と呼ぶ、世界の調和の法則に乗らない限り、本当の意味で、持続的で調和的な現実をつくり出すことはできないのです。

「指導原理に従わなければ、私たちは何をする力もない」

それこそが、本書が拠《よ》って立つ実践《じっせん》の基盤《きばん》です。

そして、これからお話しする快・暴流の心のままでは、世界を調和に導《みちび》く指導原理の風に乗ることは決してできないのです。

快《かい》・暴流《ぼうりゅう》の副作用と持続可能性の欠如《けつじょ》

話を戻《もど》しましょう。

快・暴流の心の負《ふ》の側面の1つは、それが深刻《しんこく》な副作用を生み出してしまうことです。

ただ、多くの場合、そこに生まれた肯定的《こうていてき》な現実だけが評価され、その副作用としての負の側面が話題に上《のぼ》ることはほとんどありません。

そして、負の側面のもう1つは、持続可能性の欠如です。

快・暴流の人が行うことは、一見、うまくいっているように見えて、長い時間が経過すると、そこに矛盾《むじゅん》や不都合《ふつごう》が生じ、破綻《はたん》してしまうことが少なくありません。

人類が豊かさを追求する中で、この世界に生み出したものの1つが金融《きんゆう》システムです。資産を循環《じゅんかん》させることによって富《とみ》を増幅《ぞうふく》させてゆく――ある意味でそれは、無《む》から有《ゆう》を生み出す魔法《まほう》のシステムと言えるでしょう。金融システムは、21世紀の豊かな世界には不可欠《ふかけつ》な、時代の申し子《もうご》のような仕組みでした。

しかし同時に、それは、人類がこれまで経験したことのない新たな問題を生み出してしまったのです。

もっとも直接的な問題は、金融危機でしょう。

今、世界の国々は、多かれ少なかれ金融問題を抱《かか》えています。中には、そのために国家存亡《そんぼう》の危機に陥《おちい》っている国もあります。

そして、金融システムは、世界の経済格差《かくさ》を拡大《かくだい》することになりました。

2018年のある報告によれば、世界でもっとも豊かな上位1％の人たちが、その前年に生み出された富の82％を独占《どくせん》していると言います。一方で、1日1・9ドル、200円程度で生活することを余儀《よぎ》なくされている人々が、今なお、人類の1割に達すると言われています。このように、有り余る豊かさを享受《きょうじゅ》する人と、生命の危機にさらされるほど貧しい人が生み出されてしまったのです。

金融問題ばかりではありません。環境問題など、現在、私たちが直面している深刻な問題群も、同じように豊かさの追求による副産物として生まれ、人類生存の持続可能性を脅《おびや》かしているのです。

心の闇《やみ》のデトックス

こうした問題の根本的な原因は、人間の快《かい》・暴流《ぼうりゅう》の意識にあると言っても過言ではありません。

私たちは、今こそ、これまで問題にされてこなかった、快・暴流の闇と向き合わなければなりません。

先にお話ししたように、快・暴流の闇の向こうには、素晴《すば》らしい真我《しんが》の光が隠《かく》れています。**快・暴流の中に潜《ひそ》む煩悩《ぼんのう》の闇をデトックス（解毒《げどく》）したとき、そこにこそ、本当の意味でのポジティブな輝《かがや》きが現れるのです。**すべての人の幸せのために、その光を世界に輝かせなければなりません。

快《かい》・暴流《ぼうりゅう》タイプの心の性質

快・暴流タイプの心は、ものごとを肯定的・楽観的に、プラス面を意識して受けとめ(快)、積極的・意欲的に行動しようとします(暴流)。

エネルギッシュで、明るく、元気で、活発な行動力があり、様々なものごとに関心や興味を抱《いだ》いて、そこに大きなエネルギーを注《そそ》ぐことができます。

グループの中では、上に立って皆をリードしようとし、結果を出して勝負に勝つために、現状維持《げんじょういじ》に満足することなく、何度でも新しいことにトライしてゆきます。そこには、「飽《あ》くなき挑戦者」と呼ぶべき可能性が現れています。

一方、快・暴流の心は、気分の高揚《こうよう》や興奮《こうふん》、手応《てごた》えを食べて生きているようなところがあります。そのため、「もっともっと」と際限なく手応えや興奮を求めることを優先してしまい、本当に求めるべきことを見失《みうしな》いがちになります。

様々なアイデアを思いついた瞬間が最高のチャンスの時となり、誰《だれ》の意見も聞かずに、当然のように自分の思い通りに進めてしまいます。

たとえ、周囲の人たちから助言されても、基本的に「自分はできる」「自分はわかっている」という優位の意識が強いために、聞く耳を持てません。

それでは、やがて周囲の人たちの気持ちが離《はな》れてしまい、孤立して、様々な問題が生《しょう》じてくることになるでしょう。ところが、歪《ひず》みが生じても、それをあるがままに捉《とら》えることができず、そこに「成功のサイン」を見出《みいだ》し、そのまま突《つ》き進もうとしてしまうのが、快・暴流の性《さが》なのです。

その結果は火を見るより明らかです。事態は破滅的《はめつてき》な状況になり、今までうまくいっているように見えたすべてが反転し、暗転循環《あんてんじゅんかん》を起こし、台なしになってしまうのです。まさに「独《ひと》りよがりの自信家」が生み出す現実としか言いようがありません。

快《かい》・衰退《すいたい》や苦《く》・暴流《ぼうりゅう》との違い

同じ快系であっても、快・衰退が一定の水準を達成したり、関わりが安定したりするとすぐに満足するのに対して、快・暴流は、「もっともっと」と貪《むさぼ》るように求めるところがあります。中庸《ちゅうよう》のエネルギーが快・衰退であるとすれば、より大きなエネルギーを引き出すことができるのが快・暴流ですが、そのエネルギーはムラが多く、プラスにもマイナスにも大きく振《ふ》れてしまうのです。多くを生み出しても、同時に、それ以上に多くを壊《こわ》し、失《うしな》うことの危険を孕《はら》んでいるのが、快・暴流の特徴です。

また、同じように大きなエネルギーを生み出す苦・暴流は、そのエネルギーを正義に反すると思える状況に対して、それを正すリアクション（対抗的行動）のために使います。一方、快・暴流は、自己実現や自分の影響力を拡大するためにエネルギーを使います。偽我《ぎが》の段階にあるとき、自分中心の世界で、自分の手応《てごた》えや興奮《こうふん》のためにそれを注《そそ》いでしまうのです。

苦・暴流の攻撃や破壊《はかい》は対象がはっきりしているために目立ちますが、快・暴流がもたらす歪《ひず》みは、本章の始めに触《ふ》れたように、決して侮《あなど》ることができないものです。

快《かい》・暴流《ぼうりゅう》の3つの回路

快・暴流の煩悩地図《ぼんのうちず》には、このタイプが抱《いだ》く「偽我《ぎが》」の受発色《じゅはっしき》の回路、それを脱《だっ》してゆく「善我《ぜんが》」の歩み、その先に現れてくる「真我《しんが》」の光が示されています（図17）。

快・暴流に特徴的《とくちょうてき》な偽我の回路は、次の3つです。

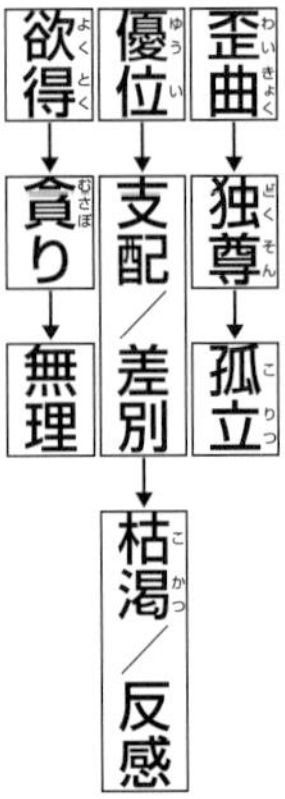

快・暴流の煩悩地図

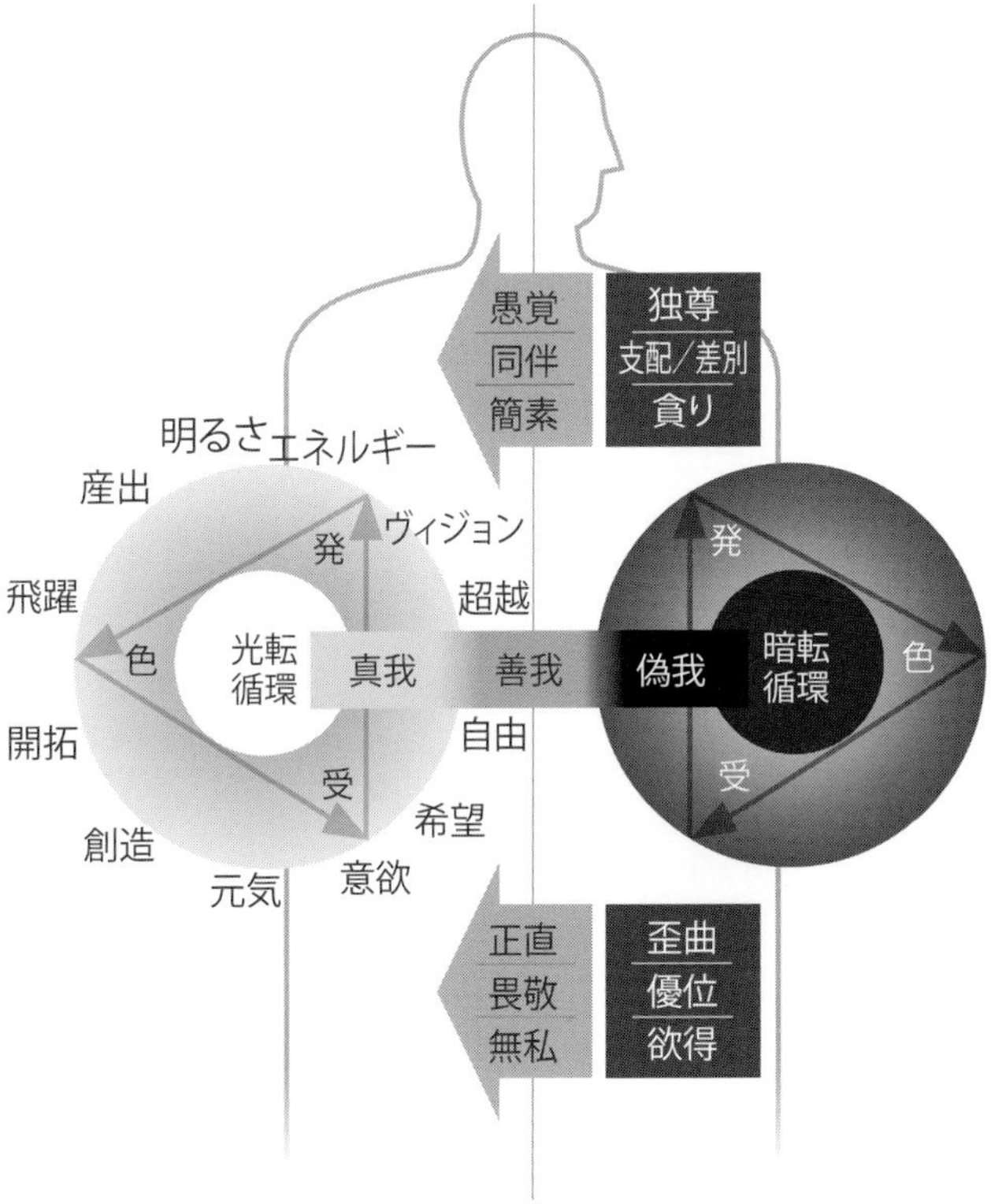

・孤立・孤独
・関係の硬直
・不満の増大
・抑鬱感の蔓延
・場の疲弊
・自主性の欠落

孤立
枯渇/反感
無理

・急激な方向転換
→右往左往
・メンバーの心身の変調
・総合力の分散
・繁栄即滅亡

図 17

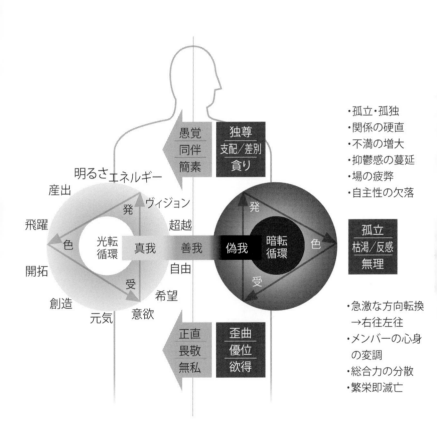

では、この快・暴流の偽我埋没《まいぼつ》から善我確立への道を歩むモデルとして、広島県福山市にある御池鐵工所《みいけてっこうしょ》の経営者、小林由和《よしかず》さんをご紹介したいと思います。

御池鐵工所は、廃棄物《はいきぶつ》のリサイクルプラントを製造する会社です。破砕《はさい》・粉砕《ふんさい》・選別・乾燥《かんそう》・造粒《ぞうりゅう》といった工程に必要なすべての機械を製造・販売し、全国的に展開しているトップ企業です。

リサイクルという言葉がまだ知られていなかった頃《ころ》から、小林さんは、環境問題に着《ちゃく》目《もく》し、廃棄物を資源に変えるという画期的《かっきてき》な機械を開発してきました。

人が暮《く》らすところには、必ず廃棄物が発生します。たとえば、リサイクルがむずかしいプラスチックのゴミは、今、世界中で増え続け、年間3億トンを超えています。

小林さんは、そのプラスチックをはじめとする廃棄物を、固形燃料《こけいねんりょう》や再利用できるチップに再生するプラントを発明。長年、環境問題に特化した機械を開発してきました。また、廃棄物をリサイクルし、燃料に変える技術は多くの会社で採用され、地球温暖化の原因となるCO_2削減《シーオーツーさくげん》にも役立っています。

次ページは、小林さんが、かつてのご自身を振り返って取り組まれた自己診断《じこしんだん》チャートの結果です。

小林由和さんの自己診断チャート

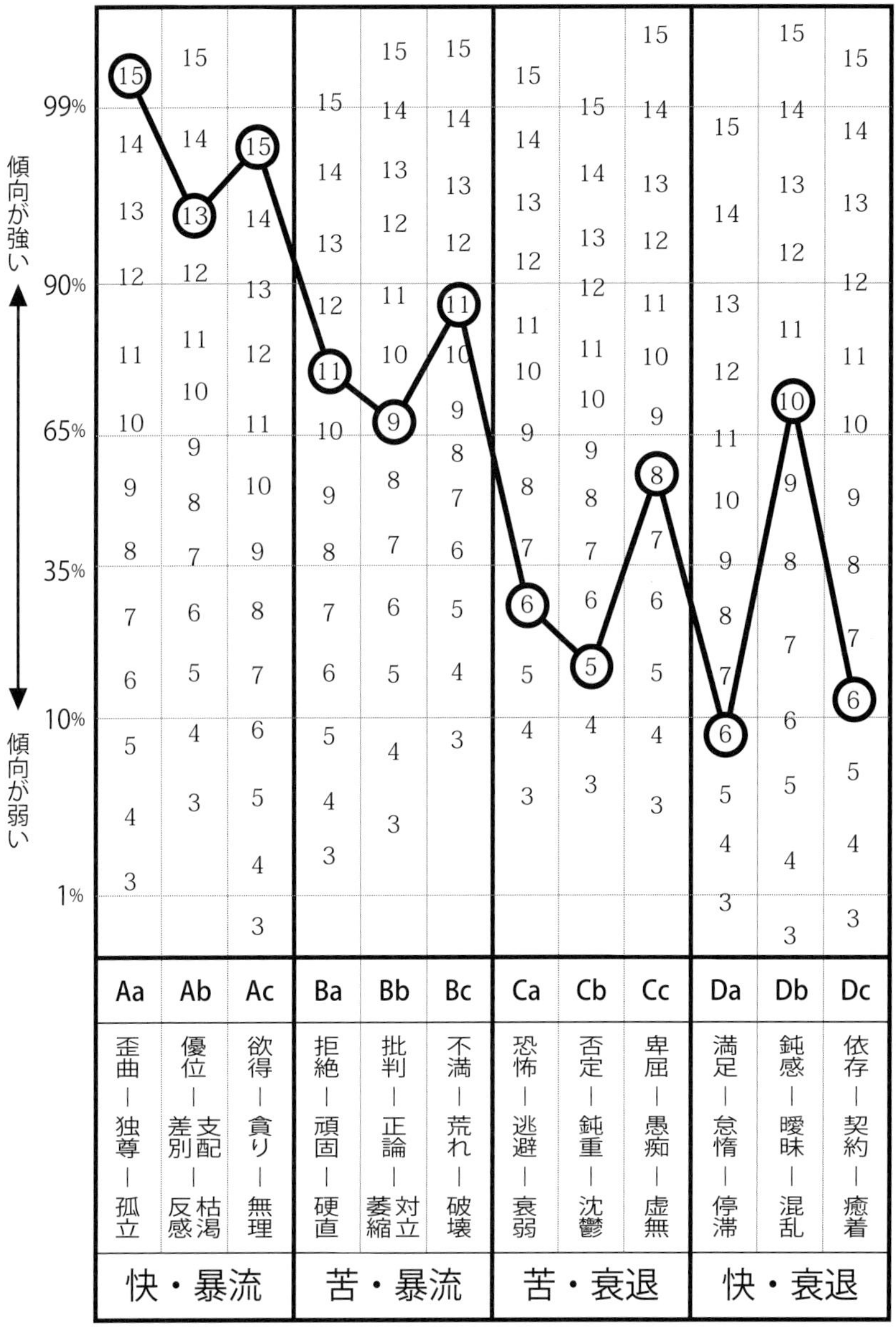

快・暴流の受発色が顕著《けんちょ》で、とりわけ欲得→貪り→無理と、歪曲→独尊→孤立の回路が強く現れています。小林さんは、これらの回路とどのように向き合い、転換し、真我の光を自らの内から取り出してゆかれたのでしょうか。

若社長へ

小林さんは23歳で、父親が経営していた御池鐵工所《みいけてっこうしょ》に入社しました。35歳のとき、その先代社長が病で急死するという試練に直面します。予期していなかった父の死――。

小林さんは、長男として、若くして会社を引き継《つ》ぐことになりました。「人の上に立て。人に使われるような人間にはなるな」と父親から薫陶《くんとう》を受けて育った小林さん――。その父の考えそのままに、「これからは俺《おれ》が会社の舵取《かじと》りをする。俺に任《まか》せておけば間違いない」と、新たな製品の開発や設計にのめり込んでゆきました。

その頃《ころ》、小林さんの工場では製材所から出るオガ屑《くず》を固形化《こけいか》し、燃料として使用するオガライト製造設備に注力《ちゅうりょく》していたこともあり、ある自治体《じちたい》からプラスチックゴミの処理について相談を持ちかけられます。そして、試行錯誤《しこうさくご》の末、ついにプラスチックゴミを固形燃料に変えるプラントの開発に成功します。このプラントは、市町村の埋立地《うめたてち》のゴミの削減《さくげん》につながり、主力製品になったばかりか、石炭に代《か》わる安価な固形燃料を生み出す装置として注目を集めました。

これからはリサイクルの時代がくる——。そう直感した小林さんは、リサイクルプラントを製造する会社へと大きく舵を切ったのです。

時代は高度経済成長期。その追い風の中、新製品を開発しては特許《とっきょ》を申請《しんせい》し、世に送り出す。小林さんは、製品が次々と高値で売れてゆくことに大きな手応《てごた》えを感じていたのです。

会社の発展

その後、小林さんの会社は、リサイクル企業の先駆《さきが》けとして、非常にユニークな技術をいくつも開発し、業績を伸《の》ばしてゆきます。

これまでに取得した特許は約300、2002年には売上が58億円に達し、創業以来最高の業績を記録します。

しかし、この頃《ころ》から、快《かい》・暴流《ぼうりゅう》の「副作用」と「持続可能性の欠如《けつじょ》」という負《ふ》の側面

が周《まわ》りに現れてきます。

この時期の小林さんの企業戦略は、拡大に次ぐ拡大。次々と設備投資を行い、最新鋭《さいしんえい》の機械を導入しました。

それに伴《ともな》い、工場のスペースが手狭《てぜま》になってきます。両親から「隣《となり》の土地は、地価の倍の値段を出してでも買え」と教えられた小林さんは、周りの土地をどんどん買収《ばいしゅう》して、工場用の敷地《しきち》を広げていったのです。

かつては2000坪《つぼ》程度だった会社の敷地は、2000年代には1万2000坪になっていました。

土地の購入資金は、銀行からの借金で賄《まかな》いました。銀行も、これからはリサイクルの分野は伸びるということで、いくらでも貸してくれたのです。

その中で、小林さんは、会社が今、どれくらい借金をしているのか、わからなくなっていました。

どの程度まで借入金《かりいれきん》が増えてもよいのか。将来、どのように返済《へんさい》してゆくのか――。厳密《げんみつ》な計画を立てることなく、とにかくどんどん借りて拡大していったのです。

「欲得《よくとく》→貪《むさぼ》り→無理」の回路

当時の小林さんの心につくられた、第1の受発色《じゅはつしき》の回路は、欲得→貪り→無理。欲得で受けとめ、貪りで関わり、無理の現実を現す回路です。

欲得の受信は、自分の利益になることに敏感《びんかん》です。どうしたら自分の得になるか、自分の興味や関心が満たされるのか、自分の興奮《こうふん》が得られるのか。世界をあるがままに受けとめず、自分流の損得《そんとく》の地図で眺《なが》めてしまう傾向《けいこう》と言えます。

貪りの発信は、自分が得になると感じたことに、際限《さいげん》なくエネルギーを注《そそ》いでゆきます。それは、欲得の受信に突き動かされ、欲望に盲目的《もうもくてき》に従《したが》っている状態です。

快《かい》・暴流《ぼうりゅう》の傾向を抱《いだ》く人は、もともとエネルギーのバルブの開き方を知っています。「これだ！」と思ったら、バルブを全開にできる。しかも、とことんまでやります。

それがものごとを成功に導《みちび》くこともあります。他のことを横において、エネルギーを集中させることができるからです。一方、間違った方向に向かえば、すべてをダメにしてしまう危険もあるのです。

エネルギーを集中させることができる快・暴流は、関心のあること以外には冷淡《れいたん》なほど無関心です。また、欲得の受信によって、気分でスポットライトをあちこち当てるように、次から次に関心事が移ってゆくこともあります。

本人は、自分の願うことにエネルギーを注《そそ》いでいるつもりでも、それが欲得→貪りである場合も少なくないのです。さらに、次々に関心事が移り変わってゆけば、後に残るのは、食い散らかされた欲望の残骸《ざんがい》でしかありません。

こうした受信と発信を続けていると、周囲に無理の現実が現れます。

無理とは、理《ことわり》のない状況、理を逸脱《いつだつ》し、調和や秩序《ちつじょ》を欠いた現実です。

「歪曲《わいきょく》→独尊《どくそん》→孤立《こりつ》」の回路

第1の回路、欲得《よくとく》→貪《むさぼ》り→無理に、第2の回路、歪曲→独尊→孤立が加わると、事態はさらに深刻化《しんこくか》します。

第1の回路によってエネルギーを全開にしたまま、第2の回路によって、自分の思い込みや誤った信念を一方的に増幅《ぞうふく》させてゆくからです。

歪曲の受信は、ものごとをねじ曲げて受けとめます。

問題は、本人にその自覚が薄《うす》いことです。もちろん、人は皆《みな》、主観的に世界を受けとめます。ですから、そこにその人なりの偏《かたよ》りや歪《ゆが》みが生じていることは普通のことです。

しかし、この歪曲は、それが度を超えているのが特徴です。誰《だれ》が見てもうまくいっているとは思えないのに、順調にいっていると見えてしまう。現状は多くの問題があって、プロジェクトを推進するには時期尚早《しょうそう》なのに、問題は小さく見え、可能性だけが肥大《ひだい》して見えてしまい、「進めるのは今だ」と思ってしまう。また、上からの命令で皆が疲弊《ひへい》しているのに、もっと強く命令しないと部下が動かないと感じてしまうのです。

歪曲の受信から導かれる発信は、独尊です。

独尊とは、自分だけが正しく偉《えら》いという言動です。

持論《じろん》にこだわり、現実を歪曲して、その持論の正当性を強く主張するなら、周囲の人たちの気持ちは冷《さ》め、離《はな》れてゆくでしょう。

ときに妄想的《もうそうてき》、独善的《どくぜんてき》な考えを信じて疑わず、誰の声にも耳を傾《かたむ》けずにその考えを貫《つらぬ》いてゆけば、どうしても孤立せざるを得ません。

他人には明らかだった快《かい》・暴流《ぼうりゅう》の傾向《けいこう》

快・暴流の受発色《じゅはっしき》は、自分ではわからず、他人からは明らかである場合が少なくないのが特徴《とくちょう》です。

以前の小林さんも、まさにそうでした。

あるセミナーの中で、小林さんは、自己診断《じこしんだん》チャートに取り組みました。結果は、冒頭に示したのと同様、明らかに快・暴流の傾向が現れていました。

ところが、小林さんは、そのチャートの結果を見ても、「これは自分には当てはまらない」「自己診断チャートは統計的なもの。自分は例外だ」。当然のように、何の疑問もなくそう考えていたのです。これ自体が、快・暴流の歪曲《わいきょく》の受信そのものですが、小林さんは、そのことにまったく気づかず、こうした受信を繰《く》り返していました。

そんな小林さんを心配した友人たちから、幾度《いくど》助言されたことでしょう。

「小林さん、あなたは、まさにイケイケドンドンの快・暴流ですね。このままでは、必ず会社が立ちゆかなくなるよ」

しかし、当時の小林さんはどこ吹く風。まったく意に介《かい》さなかったのです。

私たちは、自分が「暗示《あんじ》の帽子《ぼうし》」をかぶって不自由になっているとは決して思えないのです。そして、それこそが小林さんがつくった「最初の自分」(Initial Self《イニシャル セルフ》) であり、小林さんの偽我《ぎが》の形でした。

快《かい》・暴流《ぼうりゅう》の末路《まつろ》

2002年、御池鐵工所《みいけてっこうしょ》は過去最高の売り上げを記録します。

しかし、この年、思わぬ試練が訪れます。

「もっと会社を拡大《かくだい》したい」という一念から、リサイクル率95%というハードルの高い仕事を受注したときのことです。

そのプラントを製造するため、大型設備を投入し、工場をさらに拡大しました。

ところが、納品したその大型プラントに不具合《ふぐあい》が相次《あいつ》ぎ、クレームが連発したのです。莫大《ばくだい》な経費が発生し、利益は激減《げきげん》してしまいました。

その穴埋めに、小林さんは新たな開発に熱を注ぎます。

しかし、それらも失敗が続き、できるのはスクラップの山ばかり。会社の敷地《しきち》には、残骸《ざんがい》がうず高く積み上げられてゆきました。それを目の前にしても、「開発すれば、当然のことや」と思っていた小林さんでしたが、不具合による支出はますます増大し、損《そん》失額《しつがく》は7億円を超え、大幅《おおはば》な赤字に転落していったのです。

あれほど融資《ゆうし》に積極的だった銀行も、業績不振《ふしん》が続くと、手の平《ひら》を返したように態度が激変《げきへん》。業績の改善を求め、それを確実にしようと、小林さんの会社にコンサルタントを送り込んできました。

しかし、このコンサルタントは、一方的に問題点を指摘《してき》してくるだけで、意味のある改善は起こらなかったのです。

それどころか、ついにコンサルタントから、小林さんは事態の責任を取って社長を辞《じ》任《にん》するように迫られます。

繰《く》り返し何度も高圧的に責《せ》め立てられた小林さんは、精神的に追い詰《つ》められ、何も考えられなくなってしまいました。そして、限界感《げんかいかん》と脱力感《だつりょくかん》の中で、「早く楽になりたい」と、コンサルタントが用意した社長辞任の書類にサインしてしまったのです。

人生の分水嶺《ぶんすいれい》

小林さんの窮状《きゅうじょう》はすぐに察知《さっち》できました。

私は、関わりある方々が、危急《ききゅう》のとき、人生の岐路《きろ》に直面するとき、新たな次元を前にしているとき、その方々に関するヴィジョンをもたらされることがあります。

離《はな》れたところにいる人の様子が眼前に映《うつ》し出されたり、その人が今選択《せんたく》すべき道が見えてきたり、出会いのキーパーソンの名前を感じたり、様々な形で呼びかけられるのです。

これまで数多くの方々に、そうしたヴィジョンを含めて、今後歩むべき道をお伝えし、人生の光転へ誘《いざな》わせていただいた多くの経験があります。

このときも、小林さんの試練のヴィジョンが私の魂に映し出され、そのことを考えずにはいられませんでした。

小林さんは、これまで自分の判断1つで、すべてを進めてきた方です。「これからの時代はリサイクルだ」と思えば、周囲の意向は関係なく、ワンマンで推《お》し進めてきました。

そのやり方は、確かに快《かい》・暴流《ぼうりゅう》の色濃《こ》い受発色《じゅはっしき》によるものであり、そこには、大きな制約が影を落としました。意思《いし》の疎通《そつう》が不十分で、本当の意味で社員1人ひとりの力を総合することはできていませんでした。

でも、そのやり方の中にも、結果的にポジティブな一面があったのです。

それは、小林さんの熱い意志によって、トップダウンで会社全体が一気呵成《いっきかせい》に動いていたことです。

その大切な「意志」が失われようとしていたのです。

快・暴流の暴走を抑《おさ》えるためとは言え、ただすべての心のエネルギーのバルブを閉めればよいというわけではありません。

小林さんは、生まれて初めて、身動きの取れない苦しさの中に落ち込んでいました。あれほど自分の方針に揺《ゆ》るがぬ気持ちを持っていたのに、「もういいか……」。すべてをあきらめる気持ちが、小林さんを支配しようとしていました。

その様子を感じて胸が痛みました。

けれども同時に、私には、未来の小林さんの姿が見えたのです。今は、最悪の状況でも、やがて、小林さんが応《こた》えなければならない、救うべき現実がある。どうしても、小林さんが果《は》たさなければならない使命があることがわかったのです。

「小林さん。早まってはいけません。大切なものは1つ。確かにあなたはこれまで大きな失敗を繰《く》り返してきたかもしれない。でも、あなたには、会社を通じて社会に貢献《こうけん》したいと願った志があったはずです。それは、すべてを失っても捨ててはならないものですよ」

私は、小林さんが何よりもその志を守り、自ら進んで「私が変わります」を実践《じっせん》することをお伝えさせていただいたのです。

小林さんは正気《しょうき》に戻《もど》ります。

友人たちがすぐに動きました。仲間の弁護士が、小林さんがサインした書類を点検したところ、契約《けいやく》は法的には効力《こうりょく》がないことが判明。あわやという瀬戸際《せとぎわ》で助けられました。

ここが、小林さんの人生の分水嶺となり、本当の意味での善我《ぜんが》確立の歩みが始まったのです。

「魂の学《がく》」のセミナーに参加すると、友人たちが小林さんを励《はげ》まします。

「社長のあなたがしっかりしないでどうする！」

「今こそ小林さんが変わるしかない」

そして、ある幹部《かんぶ》社員の言葉が小林さんの心に突《つ》き刺《さ》さります。

「社員は皆《みな》、社長であるあなたを怖《こわ》がっている。こんな状態で会社を立て直すことはできないんじゃないか」

小林さんはハッとしました。

自分は、社員を激励《げきれい》してきたつもりだった。しかし、現実は違っていたのです。社員のやる気を奪《うば》っていたのは、私だった。「魂の学」を学び、心と現実のつながりを知っていたはずなのに、私はそのことがまったくわかっていなかったのではないか。原因は、本当に自分の心にあるのかもしれない。自分が変わらなければ、会社が変わることはない――。

小林さんは、ある決心をします。

社員全員の前で、自分の気持ちを伝えることにしたのです。

「今まで申《もう》し訳《わけ》なかった。この会社の苦境《くきょう》は私に原因があった。これからは、私が変わります！」。そう宣言しました。いつも陣頭指揮《じんとうしき》を執《と》り、命令していた社長が、皆の前で頭を下げている――。社員の皆さんにとって、初めての体験でした。

善我《ぜんが》確立への道

新しい歩みを始めたものの、2008年のリーマンショックの影響で日本の産業界は大打撃《だいだげき》を受けました。リサイクル業界も例外ではなく、御池鐵工所《みいけてっこうしょ》の受注は激減《げきげん》、経営状況はさらに悪化の一途《いっと》をたどったのです。

このことをきっかけとして、小林さんは、社員との関わりを転換してゆくために、さらに踏《ふ》み込んだ実践《じっせん》に向かいます。

社長である自分の足《た》りない点を、無記名で社員に率直《そっちょく》に書いてもらうことにしたのです。経営者が社員の声に耳を傾《かたむ》ける。組織の責任者がスタッフの気持ちを聞くために、1人ひとりのところを行脚《あんぎゃ》する――。

これは、「魂の学《がく》」の実践において、多くの実践者に転換をもたらしてきた取り組みであり、善我の歩みの中でも、とっておきの実践です。

もちろん、その取り組みを実施するには、それを受けとめる善我が育《はぐく》まれている必要があります。少なくとも、自分の不足、未熟を受けとめる心が整《ととの》っていなければなりません。

社員の皆さんから返ってきたアンケートからは、ご本人曰《いわ》く、「出るわ、出るわ」

――100項目もの意見が提出されました。

「社長は、私たちの意見を聞いてくれない」

「苦言を言われると、すぐにカッとなる」

「新しい製品のアイデアを思いつくと、独断《どくだん》で開発を始めてしまう」

「製品やメンテナンスの価格を、経理や営業に相談せずに決めてしまう」……等々

小林さんは、他人の眼に映《うつ》っている自分の姿に愕然《がくぜん》とします。

「まさか、これほどとは……」

その結果は、にわかには信じられませんでした。冷《ひ》や汗《あせ》が出てきました。

しかし、改めて煩悩地図《ぼんのうちず》に基《もと》づいて自分の受発色《じゅはっしき》のあり方を振り返ってみると、快《かい》・暴流《ぼうりゅう》が社員や会社に与えていた影響を認めざるを得ませんでした。

自らの快・暴流が会社を混乱させ、損失《そんしつ》を与えていたことに気づいたのです。

小林さんの善我の歩みはますます確かになってゆきました。

正直《しょうじき》と愚覚《ぐかく》、無私《むし》と簡素《かんそ》

このときの小林さんに芽生《めば》えていたのが、歪曲《わいきょく》の受信に対する正直の受信であり、独尊《どくそん》の発信に対する愚覚の発信です（図18）。

様々な支障や問題が生じても、「大《たい》した問題ではない」と矮小化《わいしょうか》し、自分の考えやアイデアばかりを大きく取り上げる。歪曲を繰《く》り返し、独尊の態度で他の意見を聞く耳を持たない。その小林さんが、初めて自分の不足や未熟を目《ま》の当《あ》たりにし、それを恥《は》じ入って認めた瞬間《しゅんかん》でした。

まさに、あるがままの現実を受けとめ（正直）、自分の足《た》りなさ、愚《おろ》かさを認めて（愚覚）、

快・暴流の善我 の受信・発信

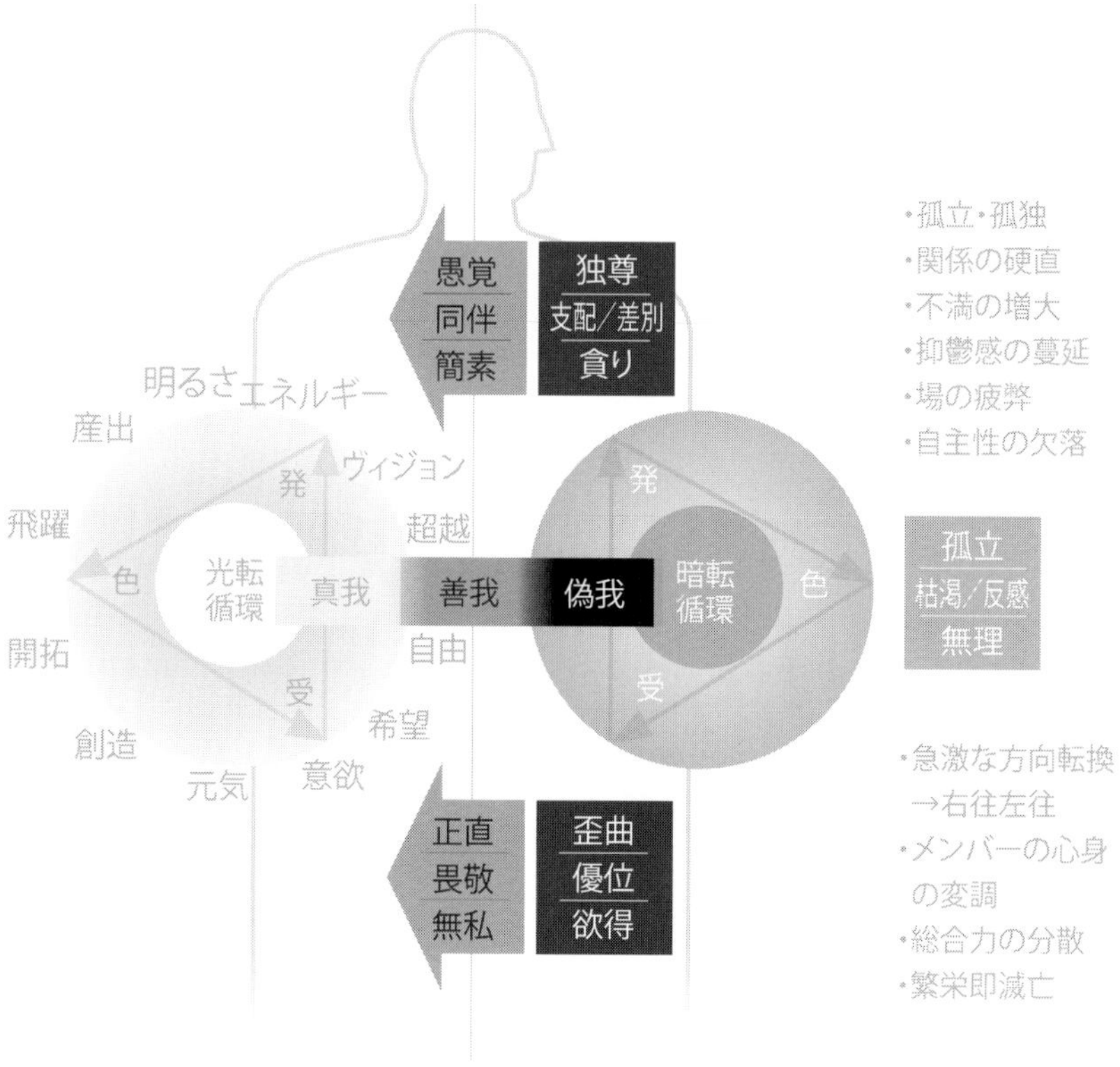

図 18

それを社員の前で詫《わ》び、自分が変わるという宣言をしたのです。

小林さんの中に、「社員の意見に耳を傾《かたむ》けてみよう」という心境が生まれると、不思《ふし》議《ぎ》なことに、社員の皆《みな》さんが率直《そっちょく》に意見を語り始めました。

そして、皆の前で頭を下げる小林さんの「会社のために――」という想いに、欲得《よくとく》ではない無私の姿勢を感じ取ったに違いありません。

図《はか》らずして、小林さんは、もともとの自分の願いに忠実《ちゅうじつ》に、欲得ではなく無私の姿勢で向き合い、貪《むさぼ》りではなく簡素に生きる歩みを始めたのです。

つまり、そこで起こっていたのが、欲得の受信から無私の受信へ、貪りの発信から簡素の発信へ、という転換にほかなりません。

生まれ変わった会社

小林さんは、現場の声をとにかくよく聞くようになりました。

価格設定から開発費の上限《じょうげん》に至《いた》るまで、協議の上で決定するようにしたのです。

開発力や技術力も、社員の中から生まれるように、しくみを整えてゆきました。

小林さんが変わると、会社の雰囲気《ふんいき》も次第《しだい》に変わってゆきます。

うれしいことに、社員の中から「『チーム御池《みいけ》』として、この苦境《くきょう》を乗り越えてゆこう！」という声が上がるようになったのです。

「不具合《ふぐあい》の芽《め》は事前に摘《つ》み取る」という新たな風土が社内に生まれ、機械の不具合が激減《げきげん》。クレームゼロを達成するプラントも生み出されるようになりました。

会社全体としても、お客様に安心して使っていただける「間違いのない機械を提供する」という指針をつくりました。工場では、とりわけテスト工程を充実させ、とにかく失敗のないものを提供するように心がけてゆきます。

その結果、会社の製品は、他社よりも少し割高《わりだか》になりました。

しかし、他社の製品が4、5年で寿命《じゅみょう》を迎えるのに対して、御池の製品は、20年から30年の耐用《たいよう》年数を誇《ほこ》っていたのです。

小林さんは、「新たな開発をすれば不具合の発生は当たり前」というかつての考え方が、「誤った思い込み」だったことに気づきます。

そのような歩みの中で、「こんな立派《りっぱ》な製品をつくっている会社ならば、私どもが融《ゆう》資《し》させていただきましょう」と申し出てくれる新たな銀行も現れました。

融資の条件も「無担保《むたんぽ》でかまいません」。これは、小林さんの会社が信用されている何よりの証《あかし》でしょう。

御池鐵工所《みいけてっこうしょ》は、新たな会社として生まれ変わったのです。

そこにいたのは、もう、かつての小林さんではありません。善我《ぜんが》の歩みを続ける「次の自分」（Next Self《ネクスト セルフ》）を体現《たいげん》する小林さんでした。

自分が果《は》たしたかったこと

そして、2011年3月、東日本大震災が東北地方を襲《おそ》います。津波《つなみ》は、沿岸部《えんがんぶ》の建造物《けんぞうぶつ》すべてを呑《の》み込み、破壊《はかい》し、大量の瓦礫《がれき》と化してゆきました。

震災発生から半年後――。被災地《ひさいち》には、まだ鉄やコンクリ、木材、プラスチックなどが混《ま》ざった、混合《こんごう》瓦礫が山のように積まれていました。ヘドロで異臭《いしゅう》を放《はな》つものも多くありました。そんなとき、宮城県から小林さんの会社に連絡が入ったのです。

「御池《みいけ》の技術で、混合瓦礫を分別・処理できる大型のプラントをつくってほしい」

小林さんは、ずっと被災地のことを気にかけていました。

私自身も、震災直後に東北の沿岸部を訪れ、想像を絶《ぜっ》する状況を目の当《ま》たり《あ》にしていました。変わり果ててしまった家屋《かおく》、車、線路、街《まち》の姿、そして瓦礫の山……。

小林由和さん（左）が経営する御池鐵工所（広島県福山市）を訪れた著者。快・暴流で会社を際限なく拡大させていった小林さんは、その果てに破滅の現実に直面する。しかし、瀬戸際で正気に戻った小林さんは、東日本大震災の瓦礫処理に多大な貢献をするなど、見捨てられた物の中に隠されているいのちを引き出す「リサイクル」という使命に邁進している。

東京に戻《もど》るなり、小林さんや全国の皆《みな》さんに、その惨状《さんじょう》と、その中でも気丈《きじょう》に生きてゆこうとする被災地の皆さんの様子をお伝えしました。そのこともあって、小林さんは被災地に言葉を超えたつながりを感じていたのです。

小林さんは、すぐに開発・設計に取りかかります。納期は3カ月。間に合わせるためには、一部外注に出すこともやむを得ないと考えていました。

しかし、社員から「ぜひ御池オリジナルでつくりたい」と声が上がります。

社員たちの結束は固く、自主的に3交代制のシフトを組み、24時間体制で実行。またたく間にプラントは完成し、期限内に納品することができたのです。

各地域に設置されたプラントは、鉄・石・プラスチックを分別して破砕《はさい》、次々と処理してゆきました。あらゆる廃棄物《はいきぶつ》を扱《あつか》ってきた御池の技術は、被災地の瓦礫にも対応することができたのです。プラントに不具合は起こらず、予定より半年以上も早く終えることができました。

プラントには、小林さんの提案で、被災された方々の大切な写真や思い出の品を手作業で分別する工夫《くふう》も施《ほどこ》されていました。その品々を公民館などに展示し、持ち主に戻《もど》すという温かい配慮《はいりょ》は、被災地のお1人お1人を励《はげ》ますことになったのです。

また、福島県では、放射能汚染物質《ほうしゃのうおせんぶっしつ》が詰《つ》められたフレコンバッグ（フレキシブルコンテナバッグ）が大量に積み上げられていることが問題になっていました。

小林さんは、作業員が放射能汚染物質に触《ふ》れることなく、迅速《じんそく》に除染除去物《じょせんじょきょぶつ》を処理する大型機を開発します。

瓦礫がなくなり、復興《ふっこう》が進んでゆく被災地の様子を見たとき、小林さんの心に込《こ》み上がる想いがありました。

「自分たちの技術が、こんなにも役立つとは想像もしていなかった。でも、皆と協力し、被災地の皆さんのために何かできることは、本当にうれしい。これが、本当に自分がしたかったこと——」。心底そう思えたのです。

チャレンジする力

「快《かい》・暴流《ぼうりゅう》」の人が強い自信を抱《いだ》くには、それなりの理由があります。

多くの場合、ただ妄想的《もうそうてき》に思い込んでいるわけではなく、人生の中で十分に認められ、様々な形で成功体験を重ねてきているということです。

その体験が可能性の土台となります。

私たちは、人生の折々に、仕事や家庭、地域、また人間関係において、試練に遭遇《そうぐう》し、経験したことのない新たなテーマにも挑戦《ちょうせん》しなければなりません。

そのとき、どのような気持ちで向き合うのかは、非常に重要です。

「きっとうまくいかないに違いない」「ダメかもしれない」……そんな気持ちで向き合うなら、普段《ふだん》の力を現すことすらできないかもしれません。

しかし、ものごとを何度も成就《じょうじゅ》したことのある人は、それを魂の経験として刻印《こくいん》しています。準備を整え、真摯《しんし》に向かえば、どんなことでも成就できるというメンタリティを抱《いだ》いていることがあるのです。それは、困難や試練に見舞《みま》われたとき、新たな一歩を踏み出すとき、取り組んだことのない仕事に向かうとき、大きな力を与えてくれます。

「とにかくやってみよう」

「どんなことでも、やってみなければわからない」

何度失敗しても、また立ち上がり、もう一度、挑戦できる。

それを私は「チャレンジする力」と呼びたいと思います。周囲の人々が悲観的になり、落ち込んでしまっても、可能性を信じ、皆を励《はげ》ますことができる力——。

快・暴流の人は、しばしば「傲《おご》り」に呑《の》み込まれますが、その想いを浄化《じょうか》することができれば、無類《むるい》のチャレンジ精神が脈打《みゃくう》つことになるのです。

小林さんがこれまでにない技術をいくつも開発し、新たなプラントを次々に生み出してきたのは、まさにこのチャレンジする力以外の何ものでもありません。自らを変革した小林さんが、時代の呼びかけを聴き、その痛みと希望に応《こた》えて社会に貢献《こうけん》しようと志を掲《かか》げたとき、そのチャレンジする力は特別な輝《かがや》きを発することになりました。

私は、快・暴流の方が世界に捧《ささ》げることができる力は、何よりも、この不屈《ふくつ》の「チャレンジする力」ではないかと思うのです。

真我《しんが》誕生への道

快《かい》・暴流《ぼうりゅう》の受発色《じゅはっしき》は、ものごとに対する楽観的、積極的な思念《しねん》と行動を生み出します。それは、冒頭にお話ししたポジティブシンキングに通じる心の特性でもあります。

ただ、もし快・暴流の3つの回路を回し続けるなら、小林さんの歩みにも現れたように、強い負《ふ》の副作用と、持続可能性の欠如《けつじょ》という結果を導《みちび》いてしまうのです。

私たちは、善我《ぜんが》を育《はぐく》むことによって、快・暴流の受発色の中に潜《ひそ》む闇《やみ》をデトックス（解毒《げどく》）しなければなりません。その受発色が整えられたとき、快・暴流の人は、「チャ

レンジする力」と同様、煩悩地図《ぼんのうちず》（図17、235ページ）の左側に示された様々な可能性を発揮《はっき》することになります。それは、快・暴流の心が秘《ひ》める真我の光です。

周囲を照《て》らす明るさ。
尽《つ》きることのないエネルギー。
人や場を牽引《けんいん》するヴィジョンを導く力。
閉塞《へいそく》する状況を超越《ちょうえつ》する力。
様々な制約や条件を突き抜ける自由な心。
悲観的な状況の中でも失われない希望を示す力。
ものごとを推進《すいしん》する核《かく》となる意欲の力。
周囲を励《はげ》ます元気。
これまでにはなかった新たな現実を生み出す創造の力。
道なき道を切り開く開拓《かいたく》の力。
次元を超える飛躍《ひやく》の力。
新たな現実を次々に生み出す産出《さんしゅつ》の力。
もともと快・暴流が抱《いだ》いていた可能性のかけらが、現実となって現れてくるのです。

それはどれほど頼《たの》もしい力でしょうか。

かつて、小林さんにこうお話ししたことがあります。

「小林さんが扱《あつか》っている様々な廃材《はいざい》は、一見、何の利用価値もなく、時間とともに朽《く》ち果《は》てるのを待っているだけに見えるかもしれません。

実際、そのまま放置すれば、そこに崩壊《ほうかい》の定《さだめ》がはたらき、顧《かえり》みられることもなく、ただのゴミとして処分される運命にあるでしょう。

しかし、その廃材の中には、いのちが眠っています。世界に貢献《こうけん》できる力が残されているのです。誰《だれ》かがそれを見つけ、それを取り出せば、その力は、外の世界に現れてきます。リサイクルとは、見捨てられた物の中に隠《かく》されているいのちを引き出す様々なしくみをつくり、埋《う》もれてしまったそのいのちを救い出す行《おこな》いにほかならないのではないでしょうか」

小林さんは、いつものシャイでぶっきらぼうな気配《けはい》を振り切るように、まっすぐに私を見て、「本当にそうです、それがしたいんです!」と、大きく頷《うなず》かれました。

その尊《とうと》い使命に応《こた》えるために、小林さんの真我の光が、なお一層《いっそう》の輝《かがや》きを持って世界に現れることが待たれているのです。

コラム　快《かい》・暴流《ぼうりゅう》の「優位《ゆうい》↓支配／差別↓枯渇《こかつ》／反感」の回路からの脱出《だっしゅつ》

本章の小林由和《よしかず》さんの実践《じっせん》の中では触《ふ》れることができなかった、快・暴流の代表的な回路の残りの1つ、優位↓支配／差別↓枯渇／反感の特徴《とくちょう》とその転換について、ここでご紹介しておきたいと思います。

優位の受信とは、「自分の方ができる」「自分の方が上」「自分の方がわかっている」という受けとめ方です。逆に言えば、「皆《みな》はわかっていない」「自分よりできない」「自分より下」と受けとめているということです。それがあまりに自然になっていて、自分でもほとんど意識することなくはたらいていることが少なくないのです。

優位で受信するならば、当然、発信は、相手を下に見て、上から見下ろすものになります。相手を軽んじ、相手は自分の意見や考えに従《したが》うべき人たちであり、自分がコントロールする対象になります。それが支配／差別の発信です。

この受信と発信をする以上、他の人に重心を移して受けとめることも、関わることもできません。他人に本当の関心を持てず、周囲の人の言うことに耳を傾《かたむ》けることができません。なぜなら、自分が誰《だれ》よりもわかっていて、誰よりもできる存在である以上、他の人のことに関心を持つ必要もなく、他人の言葉に本当に耳を傾ける必要もないと思うからです。

その結果、生み出されるのは、周囲の人たちの枯渇／反感の現実。

エネルギーがなく、意欲に欠けた枯渇の状態が現れ、反感が渦巻《うずま》くことになるのです。

事態を一番よく理解している自分がこんなに一生懸命《いっしょうけんめい》やっているのにうまくいかず、「どうしてこうなってしまうのか」と思わずにはいられないとき、あるいは「なぜ最初は順調だったのにこんな障害に苦しめられているのか」、そう問わずにはいられないとき、快・暴流の優位→支配／差別→枯渇／反感の受発色《じゅはつしき》で関わっていなかったか、点検する必要があるのです。

では、この偽我《ぎが》の回路から善我《ぜんが》の歩みを育《はぐく》んでゆく歩みとはいかなるものでしょうか。

それは、優位の受信を畏敬《いけい》の受信に、支配／差別の発信を同伴《どうはん》の発信に転換してゆくことです。

優位の受信を畏敬の受信に転換するとは、すべてを上から見る見方を改めて、人でもものごとでも、大切に見上げるように受けとめることです。すべてをわかっていると思わず、自分にはまだわからないことがあるという気持ちで受信する。すべての出来事に意味があり、すべての人には敬《うやま》うべき魂が息《いき》づいていると思える心を育てるのです。

もし、そう思える心が生まれたら、支配／差別の発信から同伴の発信への転換は、すぐに起こるでしょう。そう思える人にとって、上からの関わりはあまりにも不自然でぎこちなく、サイドバイサイドの横からの関わり、友情に基《もと》づく関わりこそ、自然なものだからです。

「自己診断チャート」(第3章)で
快・暴流の結果が出たあなたへ──

実際に快・暴流の偽我をよく知り、善我を育むために、
さらに以下のチェックポイントで自らのことを振り返ってみましょう。

Check!
❶小林由和さんの実践の歩みを読んだとき、小林さんの体験に重なって、過去の自分の体験が思い出されたことはなかったでしょうか。もしあれば、それはどのような体験ですか?

Check!
❷その体験の背景に、いわゆるポジティブシンキング(228ページ)があなたの心になかったでしょうか? ご自身の心と現実の関係に目を向けてみましょう。

Check!
❸小林由和さんの受発色転換の実践の中で、特に強く心に残ったことは何でしょうか? それはなぜだと思われますか?

※きちんとした答えが出なくてもかまいません。
小林さんとご自身の歩みを重ね合わせ、想いを深めてゆく中で、
必ずあなたの善我が芽生え、新たな歩みが始まるに違いありません。

第8章

人生の考古学《こうこがく》・考現学《こうげんがく》・未来学
——「自分を知る力」を最大化する方法

人生はどうつくられてきたのか——人生の考古学《こうこがく》。

今をどう生きたらよいのか——人生の考現学《こうげんがく》。

人生はどこへ向かうのか——人生の未来学。

これこそ、「自分を知る力」を

最大化する方法にほかならない。

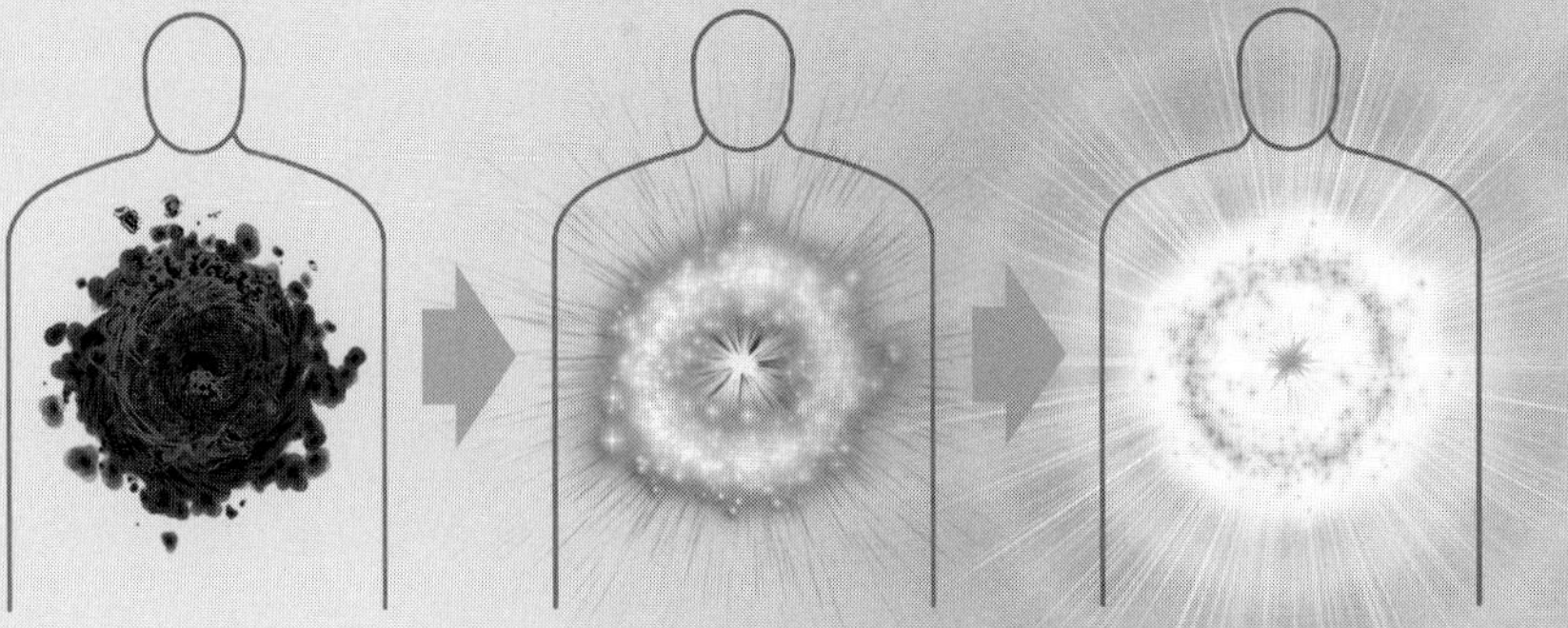

「自分を知る力」を最大化する方法

ここまでの章で、私たちは、「自分を知る力」によって、最終形の自分――「真我《しんが》」に近づき、自らが抱《いだ》いている本当の力を発揮《はっき》することができるようになることを確かめてきました。

「自分を知る力」とは、「偽我《ぎが》」から出発した私たちが「真我」に近づくための、「善我《ぜんが》」の力です。その力は、私たちにとってどれほど大切でしょうか。

プロローグにおいて、「自分を知る力」とは、人生最強の力と言いました。それは、少しも大げさな言葉ではなく、私の偽《いつわ》らざる想いです。

人間は、20世紀以降、外なる世界（物質世界）を探究する科学技術によって、瞠目《どうもく》すべき進歩と発展を手にしてきました。極微《きょくび》から極大《きょくだい》、生命の神秘《しんぴ》から宇宙の謎《なぞ》まで、多くの疑問を解き、それまで想像の世界にしかなかった新たな現実を数え切れないほど生み出してきたのです。物質世界という外界の探究のサイクルは絶《た》えず回り続け、大きな成果《せいか》をもたらしたということです。

しかし、では、内なる精神世界の探究はどうだったのでしょう。外側の探究に比《くら》べれば、そのサイクルはほとんど回っていなかったのではないでしょうか。

実際、物質的には豊かになっても、それに見合う精神的な充実《じゅうじつ》、心の豊かさや生きがいを手にすることができない人々がどれほど多いでしょう。

多くの人々の日常は、外の世界に次から次に生じる出来事に応《こた》えることに費《つい》やされています。外界探究のサイクルは、ここでも忙《いそが》しく回り続けているのです。外からひっきりなしにやってくる事態に一喜一憂《いっきいちゆう》し、快苦の振動《しんどう》を繰《く》り返している私たち——。しかし、その多くは、刺激《しげき》に対する単純な反応に過《す》ぎません。

つまり、私たちの心のはたらきは、外界の出来事に無自覚に反応するだけの表層的《ひょうそうてき》な次元にとどまって、内界探究のサイクルはほとんど回らないため、大きなアンバランスを抱《かか》えてしまうのです。それでは、人生は決して、深層《しんそう》にある目的と使命には届《とど》かず、本当の充実を手にすることはできないでしょう。

しかもそれは、個々人の問題にとどまりません、内外《うちそと》のサイクルのアンバランスは、今日《こんにち》、環境問題や貧富《ひんぷ》の格差《かくさ》など、人類が直面する様々な問題をも生み出していると言えるのです。

「自分を知る力」は、1人ひとりにとって、まさにこの内なるサイクルを回す原動力《げんどうりょく》です。そして、個人の人生のバランスのみならず、人類の内なるサイクルと外なるサイ

クルのバランスを取り戻《もど》すためにも、「自分を知る力」は不可欠《ふかけつ》のものなのです。

本書をここまで読んでくださった皆《みな》さんは、ご自身の心の傾向《けいこう》を知り、心がどう動いているかを、実感され始めているのではないでしょうか。

しかし、**「自分を知る力」をより強く、より確かなものにするには、「魂の学《がく》」に基《もと》づく、人生を俯瞰《ふかん》する3つのまなざしが必要です。**

それは、①人生はどうつくられてきたのか、②今をどう生きたらよいのか、③人生はどこへ向かうのか――。私は、この人生の過去・現在・未来を見通すまなざしを、人生の考古学《こうこがく》・考現学《こうげんがく》・未来学と呼んできました。

それは、私たちが何のために生きているのか、人生の意義を明らかにし、自分を本当の意味で信じる力を与えてくれます。

そして、私たちが持てる力をもっとも発揮《はっき》できるのは、自分を信じ、人生の意義を実感しているときなのです。

❶人生はどうつくられてきたのか——人生の考古学《こうこがく》

人生の考古学とは、人生の過去に対するまなざしであり、人生がどのように始まり、「最初の自分」（Initial《イニシャル》 Self《セルフ》）を知る歩み

どのようにつくられるのかを明らかにします。

多くの人は、自分が自分になったのは「両親からの遺伝子《いでんし》がすべて」と考えるかもしれません。でも、そんなことはありません。持って生まれた資質以上に環境が人間をつくるという学説もあるほど、私たちは、周囲の環境から多大な影響を受けて自分を形づくります。

その影響を知るための大切なまなざしが、第1章でご紹介した3つの「ち」（血・地・知）です。すなわち、

「血」——両親や家族から流れ込んでくる考えや生き方、価値観。

「地」——地域や業界から流れ込んでくる考えや生き方、慣習《かんしゅう》や前提《ぜんてい》。

「知」——時代から流れ込んでくる考えや生き方、知識や常識、価値観。

これらを吸収して、いつの間《ま》にか「暗示《あんじ》の帽子《ぼうし》」をかぶり、私たちは私たちになって

きたのです。

でも、それで終わりではありません。

人間の中心は、遺伝子でも環境でもない、永遠の生命を抱《いだ》く魂です。

「魂の学《がく》」は、魂が抱く魂願《こんがん》とカルマ（魂願とは人生をかけて果《は》たそうとする願い、カルマとはそれを阻《はば》もうとする力）こそ、私たちをつくる第1の原因であると考えます。人生の考古学・考現学《こうげんがく》・未来学は、その魂としての人間観が基《もとい》となっています。

私たちの心の奥には、幾度《いくど》もの人生を経験し、その経験を通じて多くの叡智《えいち》を蓄《たくわ》える魂の次元があります。

それを引き出すことは容易ではありません。しかし、そのような魂の存在によって、人生が支《ささ》えられていることは確かなことです。私たちは、魂の存在やそのはたらきなくしては、生きることも何かを理解することも、決してできないのです。

1人ひとりの人生は、①魂願とカルマ、②両親から引き継《つ》いだ遺伝子、③環境（3つの「ち」）という3つの流れが1つに融合《ゆうごう》して生まれてきます。

そこで、まず形成されるのが「最初の自分」（Initial Self）です（図19）。

偽我・善我・真我の道

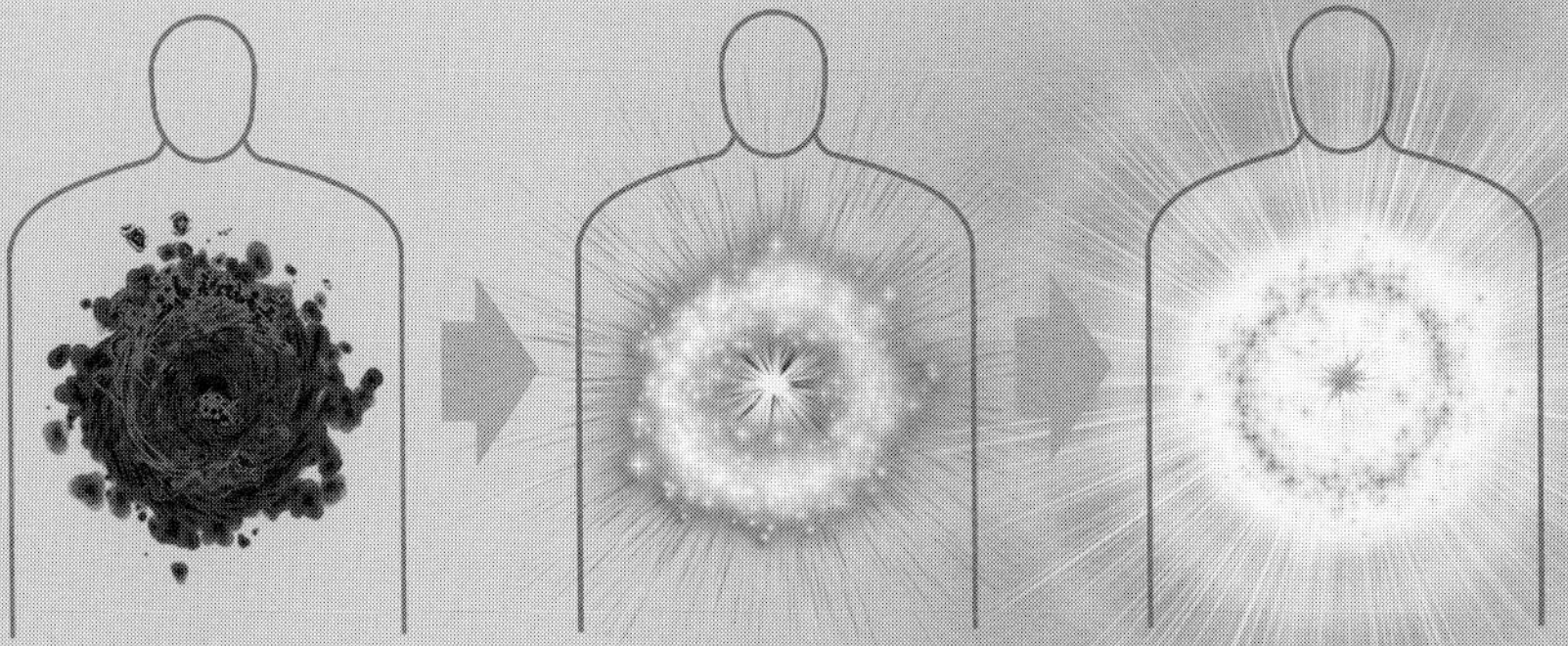

偽我	善我	真我
最初の自分 **Initial Self**	次の自分 **Next Self**	最終形の自分 **Real Self**
宿命の洞窟	**運命の逆転**	**使命の地平**

図 19

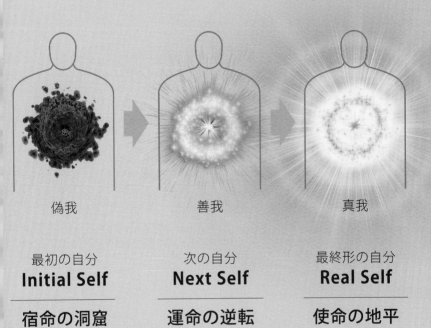

「宿命の洞窟《どうくつ》」の「偽我《ぎが》」から出発する

「最初の自分」(Initial Self《イニシャル セルフ》)とは、生まれ育ちの中でいつの間《ま》にかできあがった自分のことです。

その「最初の自分」を初めから理解している人は、皆無《かいむ》と言っても過言《かごん》ではありません。なぜなら、誰《だれ》もが気がついたときには、もう「自分」になっていたからです。

しかも、**「最初の自分」は、いつしか「暗示《あんじ》の帽子《ぼうし》」をかぶり、歪《ゆが》みを抱《かか》えた自動回路の心をはたらかせる「偽我」です。**偽我は、進展も前進もない、堂々巡《どうどうめぐ》りの無限回廊《むげんかいろう》のように、いつも同じ考え、同じ行動の中に私たちを閉《と》じ込めます。

あたかも生まれる前から決まっていた宿命であるかのように、果《は》てしなく同じ現実を生み出してしまう不自由さ――。私が**「宿命の洞窟」**と呼ぶ段階です。

逆に言えば、この宿命の洞窟の中で、無限回廊の繰《く》り返しが生まれ、人生の限界《げんかい》がつくり出されているのです。

第4章の松山貴美子《きみこ》さんが、父親不在で苦《く》・衰退《すいたい》の心をつくり、いくつもの病を抱《かか》える中でその心を強め、巫女《みこ》と出会い、祟《たた》りの恐怖で心を小さくしてしまったのは、まさにこの無限回廊です。第5章の高橋早織《さおり》さんが、かつて同僚《どうりょう》から「瞬間湯沸《しゅんかんゆわ》かし器」と呼ばれ、職場で一度火がつくと止められない苦《く》・暴流《ぼうりゅう》の破壊的《はかいてき》な怒りを繰り返していたのも同じです。第6章の高井信行《のぶゆき》さんが、医師になる志を立てたものの中学受験に失敗、高校時代も快《かい》・衰退《すいたい》で気持ちが緩《ゆる》み、浪人生活を繰り返すことになったのも、第7章の小林由和《よしかず》さんが、快《かい》・暴流《ぼうりゅう》のワンマン経営で周囲の意見を聞かずに工場を拡大《かくだい》したあげく、経営上の試練に見舞《みま》われたのも、この宿命の洞窟の無限回廊と言えます。

人生の考古学《こうこがく》は、宿命の洞窟から脱出《だっしゅつ》するために、こうした事実をあるがままに見つめる歩みです。そして、「最初の自分」の中にどんなエネルギーがあり、そこに何が流れ込んで、今の自分をつくりあげているか。それを知り、理解するためのものなのです。

それは、「魂の学《がく》」の基本中の基本と言ってよい取り組みです。「魂の学」を学び実践《じっせん》してこられた方々は、そのことをしっかりと理解されています。

それは、言葉や知識にとどまりません。たとえば、自分の中に、本当に黒い塊《かたまり》のようなエネルギーが存在し、流動していることが実感できるようになるのです。

そして、本書に登場した4名の方々のように、その洞窟に囚《とら》われた受発色《じゅはっしき》の回路を見《み》抜《ぬ》いたとき、気づかずにかぶっていた「暗示の帽子」を自《みずか》ら脱《ぬ》ぐことができるのです。

心の動きを見つめるメソッド――「止観《しかん》シート」

煩悩地図《ぼんのうちず》は、人生の考古学《こうこがく》の導《みちび》き手として、自分の心を見抜《みぬ》く大きな力を与えてくれます。

しかし、煩悩地図の言葉によって自分の想いと行動を捉《とら》えようとしても、初心者の場合は、なかなか理解が深まらないことがあります。なぜなら、心は常《つね》に動いていて、その動いている心を実感的に捉える力が必要だからです。

その心の動きを摑《つか》むためのメソッドが、「止観シート」(次ページ)です。

「止観」とは、もともと仏教の言葉で、心の動揺《どうよう》を「止」めて不動の心を保《たも》ち、ものごとを神理《しんり》(世界の法則)に従《したが》って正しく「観」察することを指し、古来、多くの高僧《こうそう》がその境地を獲得《かくとく》するために大変な修行に励《はげ》んできました。

止観シートは、煩悩地図に示された心の動きをリアルに実感させてくれます。

具体的には、日々の出来事に対して、心がどう「感じ」、どう「受けとめ」、どう「考え」、どう「行為する」のかを観察し、1枚のシートに記《しる》してゆきます。

「感じ」は、感覚的、肉体的な反応と結びつく、言葉になるかならないかの心の動き。

たとえば、「うっ」「んー」「えっ!」「ふぅーっ」「ググッ」「ガーン!」「ザワザワ」と

止観シート

中道を歩む：ちょっと待てよと止観する

年　　月　　日

出来事

感じ

↓

受けとめ

↓

考え

↓

行為する

出来事で出てきた
つぶやき

どこでちょっと待てよ
をかけますか

いう具合です。

「受けとめ」は、その「感じ」に基《もと》づいた、快苦をベースにした感情の動き。たとえば、「困った」「冗談《じょうだん》じゃない！」「よかった……」「ヤッター！」等々です。

「考え」は、「受けとめ」から様々に湧《わ》き上がる想いや考えであり、**「行為する」**は、実際に語った言葉や行動を客観的な事実として書き入れます。想いや考えのままの言動を現すこともあれば、それとは違う行動を示すこともあります。

自分の心の動きを捉え、それを言葉にしてゆくことは、慣れない人にとっては容易なことではありません。

止観シートに取り組んでも、最初はうまく要領《ようりょう》が摑《つか》めないでしょう。特に、言葉になるかならないかの心の動きを記す「感じ」は、何度も取り組む鍛錬《たんれん》が必要です。

しかし、10枚、１００枚……と続けることによって、少しずつ自分の心の動きを手に取るように摑むことができるようになってきます。

止観シートによって、自分の煩悩の回路がより鮮明《せんめい》に見えてくることもあります。それればかりか、無自覚に繰《く》り返している反応や心の動きのクセを捉えることもできるのです。

「魂の学《がく》」を実践《じっせん》する方々の多くが、止観シートによって偽我の段階にある「最初の自分」（Initial Self《イニシャル セルフ》）を見つめる歩みを続けています。1万枚以上の止観シートに取り組んだ方もめずらしくありません。その中で、自分自身の姿を再発見してゆくのです。

「毎日毎日、どうしてこんなにイライラしているのか。自分が本当に不自由に思えた」

「こんなに『そんなことできない』といつも頭から否定して受けとめている自分がいるとは思っていなかった」

「自分では、確かな理由があって先延ばしにしていると思っていたが、これが快《かい》・衰《すい》退《たい》の猶予《ゆうよ》感覚であることが見えてきた」

心の動きを見つめる鍛錬は、「次の自分」（Next Self《ネクスト セルフ》）をつくる大きな力になります。

❷今をどう生きたらよいのか——人生の考現学《こうげんがく》

「次の自分」（Next Self《ネクスト セルフ》）、「善我《ぜんが》」を確立する「運命の逆転」の次元

「暗示《あんじ》の帽子《ぼうし》」をかぶったまま、ブラックボックスの心で生きている以上、私たちは巨大な不自由を抱《かか》えたままです。

それは、宿命の洞窟《どうくつ》に囚《とら》われた偽我《ぎが》そのものです。

けれども、偽我を離《はな》れることを願い、洞窟から脱出《だっしゅつ》することを志すとき、私たちは「善我」の歩みを始めます。その中心にあるのが、「次の自分」（Next Self）をつくり、「善我」を確立する「運命の逆転」の次元の歩みです（図19、274ページ）。

では、そのために何が必要なのでしょうか。

それを教えるのが、「人生の考現学」です。それは、日常生活の中で、「宿命の洞窟」を脱し、「運命の逆転」を果《は》たし、使命を生きる道を示してくれるものです。

たとえば、私たちは、ごく自然に、過去に基《もと》づいてものごとを考えています。過去があって現在がある。「これまでこうしてきたからこうする」という発想です。

本書で触《ふ》れている「暗示の帽子」は、私たちに「こういうときはこうするんだ」「こっちの方が価値があるから、これを選べ」と常《つね》に囁《ささや》き、促《うなが》しているものであり、両親や地域、時代から吸《す》い込んできた様々な考えや言葉の集積《しゅうせき》でした。

「暗示の帽子」をかぶった私たちは、いわば中古品の集積、「中古品の自分」です。そのままでは「過去の繰《く》り返し」に終始《しゅうし》し、現在を本当に生きることはできなくなってしまいます。

「今」を生きるための「カオス発想術《じゅつ》」

だからこそ、人生の考現学《こうげんがく》におけるもっとも大切な指針《ししん》は、目の前の現実、事態を「カオス」と捉《とら》える「カオス発想術」なのです。

「カオス」とは、結論も結果も出ていない状態。輪郭《りんかく》もなく、形も決まっていない状況です（図20）。未来にある、あらゆる事態は、例外なくカオスの状態にあります。

でも、そのカオスが近づいてきて、私たちがそれに触《ふ》れるとき、カオスは結晶化《けっしょうか》し、形と輪郭が決まり、結論が出ることになります。

重要なことは、カオスには、それが現すべき「青写真」があるということです。ものごとをカオスと受けとめた瞬間《しゅんかん》、私たちはまず、未来と現在に心を向けます。過去のいきさつがどうであろうと、カオスが抱《いだ》いている青写真のことを自然に想うからです。

つまり、事態をカオスと捉える「カオス発想術」は、私たちを、過去の考え方、生き方から自由にし、現在を生きることに誘《いざな》ってくれるのです（「カオス発想術」をより詳《くわ》しく知りたい方は、拙著《せっちょ》『最高の人生のつくり方』三宝出版、3章をお読みください）。

たとえば、今、あなたの心を悩ませていることを思い浮かべてください。

カオス

図 20

仕事での問題、人間関係のトラブル、子どもの教育の問題……。

そうした問題の多くは、通常、様々な過去の経緯《けいい》を抱《かか》えています。

そのしがらみの影響で、私たちの行動は著《いちじる》しく制約されてしまいます。

どんなに改善しようとしても無理。もうどうしようもない。そう感じていれば、目の前の事態は×《バツ》。

しかし、カオスと受けとめた途端《とたん》、その問題は単なる×ではなくなります。

過去のしがらみから自由になり、カオスが現すべき青写真のことを自然に想えるからです。

「このカオスは、どんな青写真を抱いているのだろうか」

まず、カオスの青写真を尋《たず》ねることが「カオス発想術」の基本です。

固定観念や先入観、決めつけや思い込みから自分を解《と》き放《はな》って、そこに呼びかけられていることに耳を傾《かたむ》けるのです。

そして、目の前の問題がどんなに巨大に見えても、その問題と私たち（心）は別々のもの（図21a）ではなく、不可分《ふかぶん》であり、切り離《はな》すことができない。その現実に自分（心）が入り込み、自分（心）はその現実の一部となっている（図21b）。

人間と世界の関係

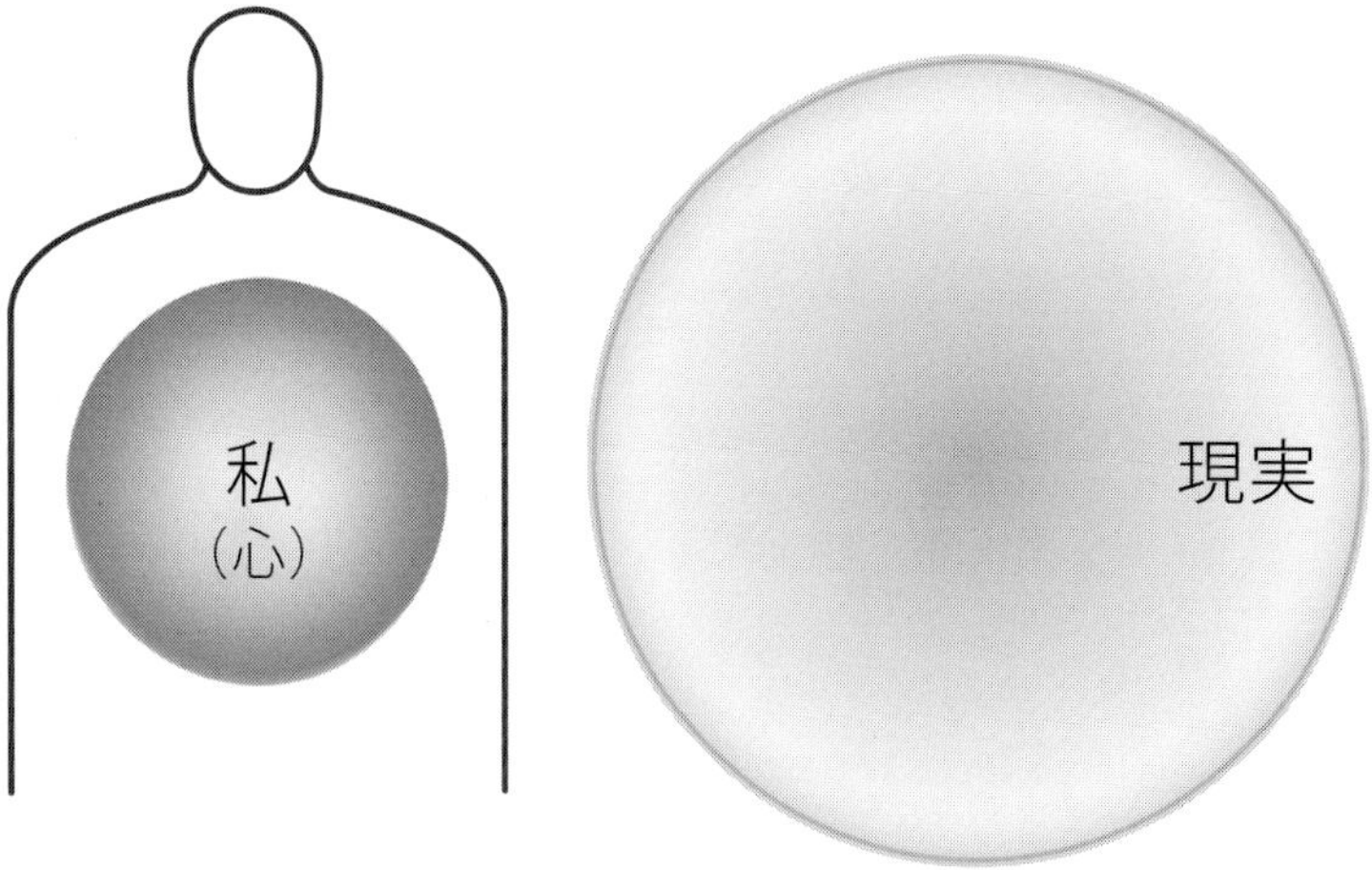

図 21a

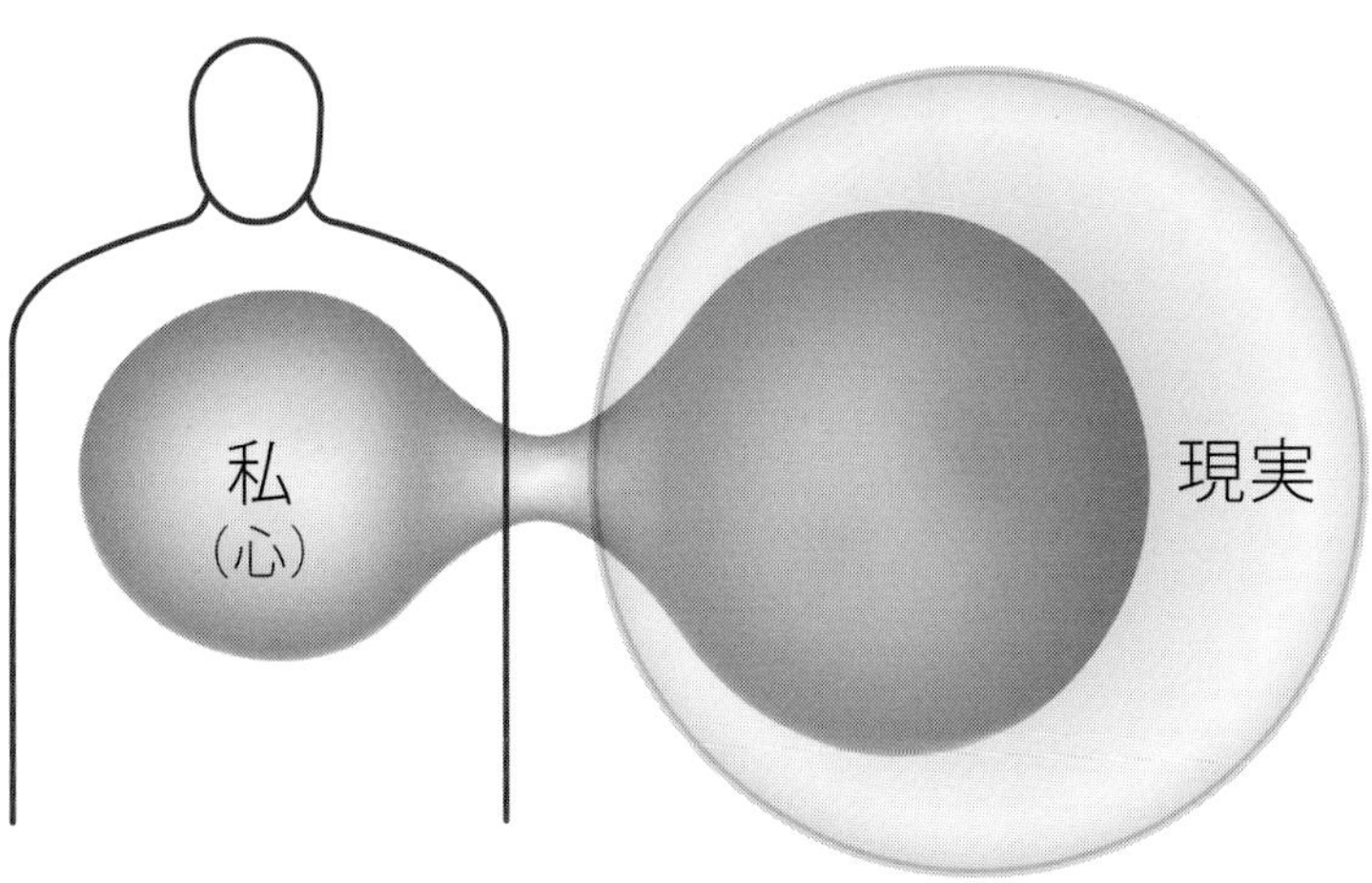

図 21b

自分があるからその現実があり、自分なしでは、その現実はそういう形にはなってはいない。私たちがその現実にどう関与するかによって、その現実はいかようにも変化してゆく可能性がある。

つまり、「カオス発想術」では、目の前の問題は「単なる×ではなく、カオス。自分（心）次第《しだい》で×にもなり、○にもなる」と捉えるのです。

人生創造のユニット

カオスとして存在している事態は、私たちの心（受発色《じゅはっしき》）が触《ふ》れた途端《とたん》、結晶化《けっしょうか》して具体的な形を示します。

結果が現れ、光転か暗転か、いずれかの現実になるのです。

1日の中にある出会いと出来事への反応、仕事上の大きな判断、人生の岐路《きろ》での選択《せんたく》。それらはみな、カオスに形と輪郭《りんかく》を与える瞬間《しゅんかん》です。

重要なことは、その形と輪郭――光転するか暗転するかを決めるのは、私たちの受発色であるということです。

カオス→受発色→光転・暗転の現実（図22）。これこそが、人生のすべてを生み出す

人生創造のユニット

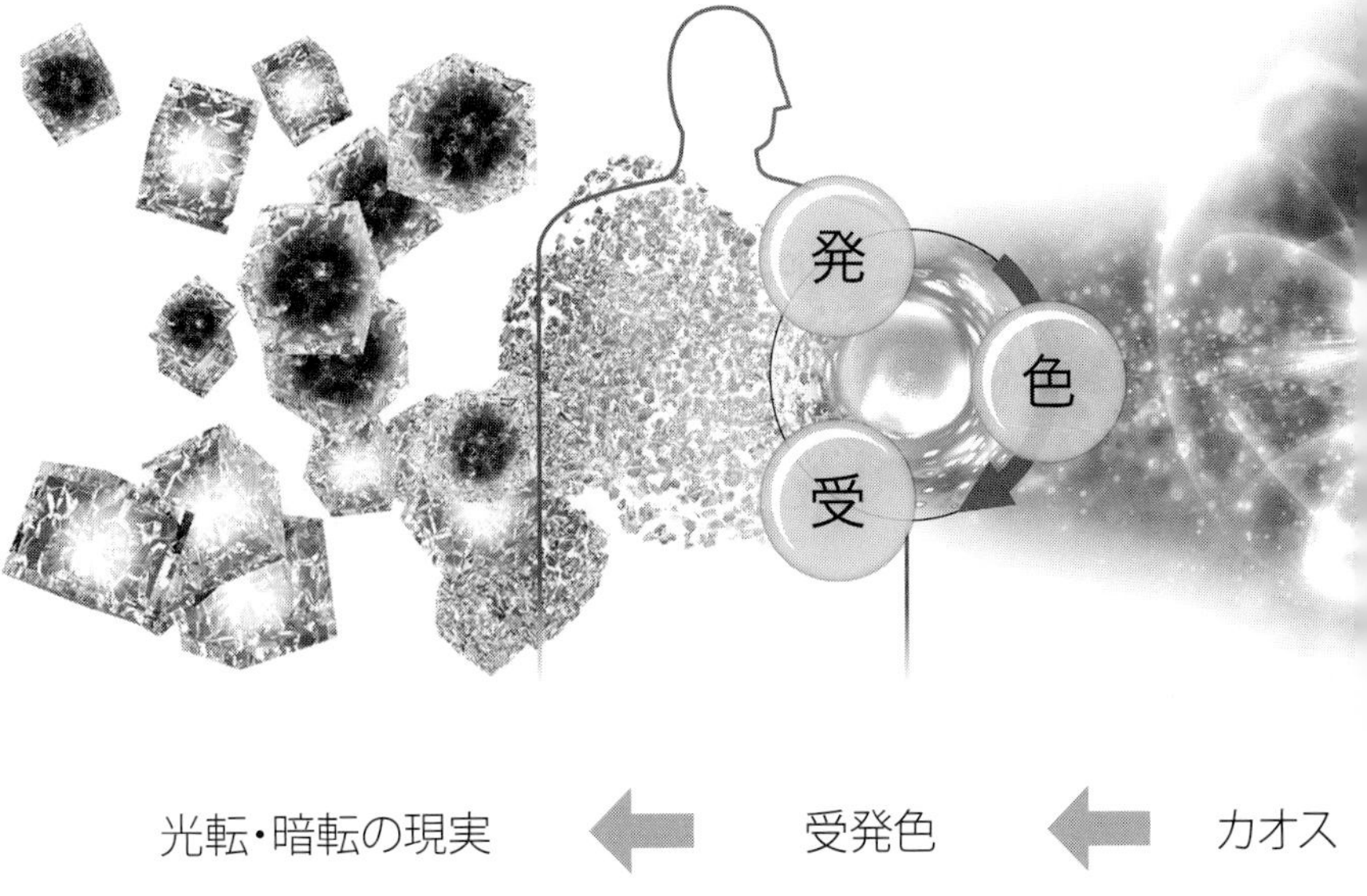

図 22

方程式――「人生創造のユニット」です（拙著《せっちょ》『運命の逆転』三宝出版、112ページ参照）。

ユニットの中心にあるのは、人間の受発色（心）。受発色によって、結晶化する現実は、天と地ほど違うものになってしまうのです。

逆に言えば、私たちはカオスに触れて結晶化させることで、自分の受発色がいかなる影響を与えたのかを振り返ることもできるのです。人生創造のユニットは、私たちの内《うち》外《そと》エネルギー交流の進化にとって、なくてはならないものです。

カオスを前にして私たちは、自らに尋《たず》ねるようになります。

「私は、このカオスに、どんな受発色で触れようとしているのだろうか」

偽我《ぎが》の自動回路を回すブラックボックスの受発色を知り、それを転換して新たな受発色でカオスに触れるなら、かつてとはまったく異《こと》なる現実を生み出すことができます。

転換した善我《ぜんが》の受信・発信によって、カオスに触れる。それが核心《かくしん》です。

「カオス発想術」を身につけると、人生が劇的な変化を遂《と》げることは、本書で紹介した4名の実践者の皆《みな》さんが身をもって証明されています。

❸人生はどこへ向かうのか――人生の未来学
人生の目的と使命に応《こた》える「使命の地平」へ

過去を見晴るかす人生の考古学《こうこがく》。

今を生きるための人生の考現学《こうげんがく》。

それらを学び、実践《じっせん》を重ねてゆくと、自分が向かうべき未来が開けてきます。

偽我《ぎが》を知る歩みとともに、「カオス発想術《じゅつ》」によって「次の自分」（Next《ネクスト》 Self《セルフ》）をつくる中で、私たちは、いくつもの「思い込み」を書き換《か》え、新たな受発色《じゅはっしき》を身につけてゆきます。自動回路ではないカオス発想術を自らのものとしてゆきます。

そうすることで、やがて「暗示《あんじ》の帽子《ぼうし》」を脱《ぬ》ぐ瞬間《しゅんかん》が訪れ、**「宿命の洞窟《どうくつ》」**を抜《ぬ》け出す。それは、まさに**「運命の逆転」**の次元を生きることです。

そして、その善我《ぜんが》の歩みを続けることで、やがて私たちは、めざすべき場所――自らの人生に託《たく》された目的と使命に応える**「使命の地平」**に歩み入り、そのはるか向こうに、真我《しんが》という**「最終形の自分」（Real《リアル》 Self《セルフ》）**の姿を望み見るようになるということです（図19、274ページ）。

真我《しんが》誕生への道——「最終形の自分」(Real《リアル》 Self《セルフ》)を信じる

私たちは、誰《だれ》もがそこに向かって歩んでいます。

あなたは、こう考えているかもしれません。自分には、何か特別な才能があるわけではない。自分の可能性なんて、たかが知れたもの。自分の人生なんて大《たい》したものではない。目的や使命だなんて……。

でも、すべての人に、今お話しした「使命の地平」に至《いた》る道、真我という「最終形の自分」(Real Self)への道は用意されているのです。

たとえ、今の自分は信じられなくても、その真我という「最終形の自分」(Real Self)、そこに向かって歩む自分を信じていただきたいのです。

本書で紹介した松山貴美子《きみこ》さんがご主人の認知症介護《にんちしょうかいご》の経験を多くの人々に伝える講演者として、高橋早織《さおり》さんが地域医療の現場を守る総合内科医として、小林由和《よしかず》さんが様々なリサイクルや瓦礫《がれき》の処理を進める企業家として、時代・社会の呼びかけに応《こた》えているように、そして若い高井信行《のぶゆき》さんが医学生としてこれからの人生に託《たく》された使命を探して歩んでいるように、あなたにも、人生をかけた呼びかけに応えるときが必ずきます。あなたが歩んだ人生だからこそ、そこには、あなただけが生きることのできる使命が輝《かがや》いている——。私たちは皆《みな》、その場所に向かう1人ひとりです。

最後に、もう一度、強調しておきたいことがあります。

それは、この人生の考古学《こうこがく》・考現学《こうげんがく》・未来学の取り組みは、すべて善我《ぜんが》の歩みそのものであるということです。

偽我《ぎが》のままの「最初の自分」(Initial《イニシャル》 Self《セルフ》)から脱出《だっしゅつ》することを願ったとき、善我の歩みが始まります。そのとき初めて、私たちの前に、人生の考古学・考現学・未来学の道が開かれるのです。

人生の考古学では、善我が芽生《めば》えることによって、過去、無自覚につくってきた偽我を見つめる歩みが始まり、考現学では、善我がカオス発想術《じゅつ》を生き、その積み重ねがあなたを人生の未来学——真我(最終形の自分)誕生へと導《みちび》く——。

プロローグで述べたように、善我を生きる歩みこそ人生の本質であり、核心《かくしん》なのです。

■スケール標準化

このようにして作成した36設問からなる自己診断チャートを、一般に公開し、合計7351名による取り組みが行われた。

その結果、各回路の得点の平均に、ややばらつきが見られたので、各回路ごとに、得点調整が行われるように、集計表のスケールの調整（スケールの標準化）を行った。

具体的には、7351名の得点データから求めた回路ごとの相対累積度数分布からパーセンタイルを求め、得点配置図を作成した。90ページに見られるように、自己診断の結果をプロットするマーカーの分布（3点から15点）は、各回路によって差異がある。

以上の手順と基準に基づき作成されたものが、本書に掲載されている自己診断チャートである。

表1

4つのタイプに関するα係数

タイプ	α係数
快・暴流	0.85
苦・暴流	0.82
苦・衰退	0.86
快・衰退	0.79

表2

各回路に関するα係数

回路	α係数
歪曲→独尊→孤立	0.74
優位→支配/差別→枯渇/反感	0.75
欲得→貪り→無理	0.67
拒絶→頑固→硬直	0.69
批判→正論→対立/萎縮	0.70
不満→荒れ→破壊	0.70
恐怖→逃避→衰弱	0.73
否定→鈍重→沈鬱	0.80
卑屈→愚痴→虚無	0.67
満足→怠惰→停滞	0.65
鈍感→曖昧→混乱	0.56
依存→契約→癒着	0.67

[巻末解説]

自己診断チャートについて

本書に収められた自己診断チャートは、以下の手順、
および基準に基づき作成された。

■項目の抽出

GLAで長年にわたり研鑽を重ね、自他の心を理解する実践を重ねてきた計24名により、4つのタイプのそれぞれの回路の特徴的な「信念」「気持ち」「つぶやき」「行動原則」などを示す139項目からなる設問項目のリストを作成した。あるタイプの心を持つ人（たとえば、快・暴流の人）は、そのタイプのリスト項目（快・暴流の項目）の作成に従事した。

続いて、他のタイプの人（この場合であれば、苦・暴流、苦・衰退、快・衰退の人）も含めて、多様な視点から、そのリストの内容のレビューを行い、項目を精査して、快・暴流20項目、快・衰退20項目、苦・暴流18項目、苦・衰退23項目からなる、合計81項目のリストに絞り込んだ。

■因子分析

続いて、それら81項目からなる予備的チャートに2258名の方が取り組んだ。収集されたデータに対して因子分析を行い、最終的に、各タイプ9設問ずつ、合計36設問からなるチャートを確定した。

表1に、9設問からなる各因子（タイプ）のα係数を示す。それぞれ、0.79〜0.86と高い値になり、十分な信頼性を示すものである。

さらに、タイプごとに因子分析を行い、それぞれのタイプの各回路に対応する3つの因子を抽出した。表2に、3設問からなる3つの各回路のα係数の値を示す。ごく一部の項目を除き、α係数は十分高い値を示すことから、本自己診断チャートは、各回路の診断に関しても、十分な能力を持つことが確認された。

◎本書の内容をさらに深く知りたい方へ

本書の内容をさらに深く知りたいと思われる方には、高橋佳子氏が提唱する「魂の学」を学び実践する場、GLAがあります。
詳しくは下記までご連絡ください。

GLA
〒111-0034 東京都台東区雷門2-18-3　Tel.03-3843-7001
https://www.gla.or.jp/

また、高橋佳子氏の講演会が、毎年、全国各地で開催されています。
詳しい開催概要等については、以下までお問い合わせください。

高橋佳子講演会実行委員会
お問い合わせ専用ダイヤル Tel.03-5828-1587
https://www.keikotakahashi-lecture.jp/

著者プロフィール

高橋佳子 (たかはし けいこ)

現代社会が抱える様々な課題の根本に、人間が永遠の生命としての「魂の原点」を見失った存在の空洞化があると説き、その原点回復を導く新たな人間観・世界観を「魂の学」として集成。誰もが、日々の生活の中でその道を歩めるように、実践の原則と手法を体系化している。

現在、「魂の学」の実践団体GLAを主宰し、講義や個人指導は年間300回以上に及ぶ。あらゆる世代・職業の人々の人生に寄り添い、導くとともに、日本と世界の未来を見すえて、経営・医療・教育・法務・芸術など、様々な分野の専門家への指導にもあたる。魂の次元から現実の問題を捉える卓越した対話指導は、まさに「人生と仕事の総合コンサルタント」として、各方面から絶大な信頼が寄せられている。

1992年から一般に向けて各地で開催する講演会には、これまでに延べ140万人を超える人々が参加。主な著書に、『最高の人生のつくり方』『あなたがそこで生きる理由』『運命の逆転』『未来は変えられる!』『魂主義という生き方』『1億総自己ベストの時代』『希望の王国』『魂の発見』『新・祈りのみち』『あなたが生まれてきた理由』(以上、三宝出版) ほか多数。

自分を知る力――「暗示の帽子」の謎を解く

2019年11月15日　初版第1刷発行

著　者　高橋佳子
発行者　仲澤　敏
発行所　三宝出版株式会社
〒111-0034　東京都台東区雷門2-3-10
電話　03-5828-0600　https://www.sampoh.co.jp/
印刷所　株式会社アクティブ
装　幀　株式会社ブッチ

ISBN978-4-87928-127-2